不動産投資

成功への イメージトレーニング

自分に最適な投資スタイルを見つけよう

沢 孝史

Takashi Sawa

筑摩書房

装幀……小田蓉子（井上則人デザイン事務所）

目次

CONTENTS

第5章

損益トライアングルと流通価格モデルで投資イメージをつかむ……117

第6章 ゾーンで考える不動産投資 成功へのセオリー……137

注

本書では、「収入」「利益」「所得」について次の意味で使用しています。

収入……………サービスの対価全体を表す。売上と同義。

利益（所得）……収入から必要経費を差し引いたもの。純利益と同義。

不動産投資　成功へのイメージトレーニング

——自分に最適な投資スタイルを見つけよう

はじめに　不動産投資の理解を深めるために

私が不動産投資を始めてほぼ18年、筑摩書房さんで初めての本『「お宝不動産」で金持ちになる！』を出させていただいてからすでに10年が経ち、その間に10冊近く本を出しました。また、私自身の投資規模も、当時の数億円程度から現在は10億円をオーバーするほどになりました。

この10年の間に不動産投資はごく一般的なものとなり、多くの不動産投資本が出版され続けています。なかには「○年で×億円の資産を築いた……」といった、短期間での急速な規模拡大をあおるようなタイトルも多く見られます。

でも私は、「規模を大きくすること＝不動産投資で成功すること」と思っているわけではありません。小規模でもじっくりと堅実に資産を築き上げている人もいますし、一方で、そんなに拡大して大丈夫だろうかと他人事ながら心配になってしまうような人もいます。

私も不動産投資の本を書いていますし、たいそうなことを言える立場ではないのですが、あえて言わせていただくと、現在の不動産投資（本やセミナー、一部の業者、コンサルタントなど）の傾向として、特に2つの問題があると感じています。

ひとつは不動産投資の考え方がキャッシュフローに偏重していること、そしてもうひとつはやみくもに規模の拡大をあおっていることです。

この2つには大きな問題が隠されているように思えてなりません。

不動産投資を行い、一定の間キャッシュフローを得ることは、条件さえ揃えば実はそんなに難しいことではありません。また短期間に大きな投資を行うことも、ノウハウさえ学べば簡単にできるでしょう。

しかし、それが長期にわたって本当に成立する投資なのか、それとも業者さんが手数料を取るためだけの常套手段になってしまっているのか、そこの見極めをするための情報が十分に提供されているでしょうか。

投資は自己責任ですから、その結果はすべて本人にかかってきます。

結果がＮＧであったとしても誰にも責任転嫁はできないのです。

だからこそよく学び、よく考え、分析力を身につけ、リスクをしっかり見極める必要があります。

とはいえ、不動産投資はとても大きな可能性を秘めた有効な投資先であることは間違いありません。自己責任というリスクをとってでも、やる価値のある投資が存在しています。

それを探し出して判断するのは第三者ではなく、主人公であるあなたです。

でも、どうやってそれを判断したらいいのでしょう。

本書はその判断材料のひとつとして、私が10年以上の時間と経験をかけて考えてきた不動産投資のイメージを提示します。それもなるべく指数などの抽象的な数字を避け、直感的に理解できるように工夫しました。

本書によって、不動産投資への洞察がよりいっそう深まることを期待します。

沢　孝史

2014年秋吉日

第1章　その不動産投資、本当に儲かりますか？

●そんなおいしい話、詐欺じゃないの？

「自己資金が500万円あれば、年200万円の収入が見込めます」
「収入は年160万円と低めですが、自己資金は必要ないかもしれません。そのほうがいいですよね」
「こちらだと自己資金として800万円必要です。そのかわり収入は年500万円となる見込みです」

例えば、あなたがこんなことを言われたら、どう思いますか。おいしい話に聞こえませんか。おいしすぎる？　もしかして「投資詐欺」かも？

いいえ、こうした話をありえない話だ、嘘だ、詐欺だ、と決めつけることはできません。実はこれ、むしろ、不動産投資ではよくある「日常会話」です。

もし、そんなおいしい話が本当にあるとしたら、「やってみたい」と考える人もたくさんいますよね。

ですから今、不動産投資が注目され、数多くの本が出され、セミナーが花盛りなのです。

●18年の投資で学んだこと——お金の動きと成果は別

私自身、当初は「そんなおいしい話が本当にあるのかなあ」と半信半疑でした。でも、自分で何度も計算してみて「確かに一定のリターンは得られそうだ」と考え、18年前に恐る恐る不動産投資を始めました。そして、すでに売却したものも含めると、現在までに16棟のアパートやマンションに投資をしてきました。

結果はどうだったのでしょう。

実際のところ、予測よりも良い成果の上がったもの、期待はずれだったものなどもありますが、平均すれば、ほぼ計算通りに推移していると言えるでしょう。

ただし、表面的にその通りだったとしても、冒頭の会話がそのまま実現できているとは考えていません。**見えているお金と、それが表している投資の本当の成果は、実はイコールではないのです。**

この言葉の意味を今は理解できないかもしれませんが、これから少しずつお話ししていきたいと思います。

不動産投資を成功させるためには、表面的なお金の動きに囚われずに冷静に評価をしていくことが必要です。そうやって不動産投資の全体像がイメージできるようになると、本当に儲かっているのかどうか判断できるようになります。

さまざまなデコレーションを外した状態で評価をくだすことで、目の前に見えていた利回りもいつの間にか小さくなってしまうかもしれません。

でも、私は「おいしすぎる」レベルを期待しているわけではありません。さまざまなマイナス要素を考慮し、それでも不動産投資で一定の利益が確保できるなら、やる価値のある投資だと考えています。

私が想定している「成功」のボーダーラインは、もしかしたら皆さんがイメージしているものよりも低いのかもしれませんね。でも、それがリアルな不動産投資の姿だと私は思っていますし、今までそのように投資をしてきて、少なくとも後悔したことはありません。

もちろん、冒頭の派手な「日常会話」のような、皆さんが期待をふくらませてイメージする不動産投資も、実際のお金の動きとしては実現する確率が高いものです。

実際、お金の動きだけを見れば、私自身も派手なお金の動きを経験しています。

でも、少し経験を積んで投資全体を俯瞰できるようになってくると、お金の動きだけで成否を判断することの危うさにも気づくようになりました。目の前にお金が積みあがってきても、不安がいつまでも付きまとう投資があります。逆にあまりお金が入ってくるように見えなくても、安心できる投資もあるのです。

ところが、目の前にお金が積みあがる投資こそが「儲かる投資」であり「良い物件」だというふうに見えてきてしまうものです（最初は私もそうでした）。

確かに、お金が積みあがる投資が儲かる投資であることもあります。でも、それがすべてではありません。

なぜ「すべてではない」のか、少しずつ説明していきましょう。

●不動産投資で「リタイア」するのは超簡単!?

ブラック企業という言葉が一般化してしまうくらい、サラリーマンを取り巻く環境は厳しさを増しているようです。酷使される割には昇給が少ない会社も多く、モチベーションを持ち続けるのも大変です。経済的な目処さえつけば、年齢に関係なく「リタイア」したいと考える人が増えるのも仕方ないのかもしれません。

そのような早期リタイア志望の皆さんに強くアピールする不動産投資の書籍やセミナーがあります。宣伝コピーはこんな感じです。

・私はこうやって、アーリーリタイアしました！
・こんな私でもできました。だからあなたにもできるはず！

もちろん、実際に不動産投資で収入を確保してリタイアした人も少なからずいるのは確かです。

10年ほど前の話になりますが、私は坂口直大くん（現在、不動産投資物件情報No.1サイト「楽待」の代表）と2人でお宝不動産セミナー（2004年～2010年　全28回）を主催していました。その受講者の中には本当に不動産投資でリタイアを実現した人もたくさんいます。代表格は投資家けーちゃんこと、寺尾恵介さんでしょう。また、有名ブロガーで呑み友達の赤井誠さんのリタイアは見事でした。

そうした例を実際に見ているので、早期リタイアを決して頭から否定するわけではありませんが、よく言われるほど安易にできるものでもないように思います。

とはいえ、まずはその方法を肯定的に受け止めてみましょう。さまざまな手法が喧伝されていますが、リタイアするための不動産投資のパターンは、大別すると2つあるようです。

●リタイアのための不動産投資手法①――とにかく「高利回り」追求型投資

立地、築年数には目をつぶって安めの物件を探し、入居者さえいれば大きなリターンが得られることを狙います。具体的には地方の築古の戸建てや耐用年数ぎりぎりのアパートなどを購入して、低コスト、もしくはセルフリフォームによって甦らせて入居者を確保していきます。

たとえば次のような感じでしょうか。

のどかな田園風景が続く地域に、あまり手入れされていない築20年の木造の空き家がありました。地価が安いので土地を購入して新築の家を建てる方が多い地域です。売主は、建物を解体して更地で売却しなければならないだろうと思っていました。

そこに、投資家Aさんが登場します。Aさんはこの物件の建物に価値を見出しました。売主は更地で売却することを考えていましたが、Aさんは建物を解体しない現状のままで、その代わり土地値から建物の解体費用を差し引いた金額で譲ってもらいました。

これで、土地値以下で一戸建ての中古住宅を手に入れたことになります。そこでAさんは休日にはDIYでリフォームを行い、どうしても直せない部分のみを業者に頼むことによって、費用を節約しながら貸家として再生させました。古いながらも工夫をこらして魅力的な物件になった上、戸建てにしては割安な家賃設定だったこともあって、すぐに入居者が見つかりました。

ここまでにかかった費用は、土地値以下の物件代金＋最低限の建物修繕費用です。結果的には、かけた費用に比べれば家賃も割高に取れ、利回りもとても良くなりました。

総投資額が小さく、また、購入資金の大半を銀行が融資してくれたので、Aさんは同様の手法で何件も貸家を手に入れていきます。そうするうちに、いつの間にか家賃からローン返済や諸費用を引いた金額が給与を上回ったため、Aさんはめでたくリタイアすることができました。

こうした手法は、「戸建て」「割安な家賃」が前提となりますので飛躍的に収入が大きくなることはありませんが、一定レベルの収入は見込める手法かもしれません。いわば「不動産投資＋築古物件再生ビジネス」といったところでしょうか。

投資金額もそれほど大きくないため、冒頭の派手な日常会話の対象とはなりませんが、DIY好きや手間を惜しまない人たちに着実に浸透している手法です。

●リタイアのための不動産投資手法②――借入金主体・スケールメリット追求型投資

そして2つめが、冒頭の「日常会話」で話題となる投資です。

投資金額の多寡はありますが、現在の主流はこの手法となりますので、イメージをつかめるようにダイアログも交えながら詳細にお話ししていきます。

この手法は一定レベル以上の年収で安定的な収入を得ている人、たとえば有名企業のサラリーマンや公務員などの金融機関の融資がつきやすい人が、その信用を最大限に活用して比較的高額な物件、場合によっては億単位の物件を買い進めていく方法です。

借入金主体、つまりいかに融資を引き出すかが、この投資手法の重要なポイントとなります。

そのため物件は担保評価が高いことが優先となりますが、評価が高いと一般的には利回りが低くなる傾向があるので、必然的にリタイアするに足る現金を得るためには投資規模を大きくする必要が出てきます。

たとえばこんな感じでしょうか。

都心のターミナル駅まで電車で30分足らず、最寄りの駅まで10分という立地に、そのマンションはありました。施主は代々地主さんで、相続税対策に役立つと勧められて二十数年前に建てたものです。昨年その所有者が亡くなり、遺族数名で話し合った結果、売却することになりました。

α不動産を呼んで査定してもらうと、土地の価値と頑丈に作られた鉄筋コンクリートの建物の評価が高く、1億円後半という評価です。さっそく売却をお願いしました。

一方、首都圏の有名企業に勤めるBさん、不動産投資に興味がありましたが、ネットをのぞいたり業者さんの無料メルマガに登録している程度で、これまで物件の問い合わせをしたことはありませんでした。

そんなBさんのところに、ある日、α不動産からちょっと自尊心をくすぐられるメルマガが届きました。

◆非公開物件
首都圏、好立地、銀行評価済、フルローン検討可能（ただし属性によります）。
年収700万以上の方、お問い合わせください。

年収７００万はクリアしている。フルローンであれば、購入の諸費用くらい出せば手に入るということなのか。

「非公開」というのも気になったので、Ｂさんは早速問い合わせてみることにしました。

●１億円超えの物件に問い合わせが殺到？

「はい。α不動産です」

御社のメルマガにあった非公開物件についてお伺いしたいのですが。

「はい。こちらは昨日から何人もお問い合わせをいただき、すでに３名の方から買付証明（購入の意思表示をする書面。法的拘束力はない）もいただいていますので、その点はご了承いただけますか」

１億円超えの物件だというのに、もう買付けが入っているのか。それだけ良い物件ということなのかな。

「こちらの物件は銀行による査定が済んでいますが、購入をご希望される方の経済的な状況によって、融資の可否、また融資金額も変わってきます。もしよろしければ一度ご来店いただき、お話をお聞かせいただければと思います」

買付けが３名も入っているなら、無駄足なんじゃないのかなあ。

「いえ、3名の方も銀行の審査はこれからですから、買付けの順番が遅いのは不利にはなりません。審査が通らない場合も多いので4番目でも可能性はあると思います。もちろんB様が審査に通らないこともありますので、その点はご了承ください」

わかりました。では、明日お伺いします。

実際に不動産屋さんに行くのははじめてだけど、まあこれも経験だ。あれ？　そういえば、物件の資料はまだもらってない……。

翌日、α不動産を訪れたBさん、名刺交換をしたあと、ひととおり物件の説明を受けました。間取り、立地は問題なさそうで、空室になっても2カ月前後で入居しているとのこと。建物は築23年で、写真を見るとたしかに少し古い印象だけど、鉄筋コンクリート（RC）で頑強そう。でも、価格は1億円台後半とのこと。本当に買えるだろうか？　それに利回りが高くないけど、大丈夫？

「この物件の固定資産評価額を見てください」

α不動産のベテラン社員Fさんはなんだか自信満々です。

「土地と建物合計で1億円台前半ですね。でも、固定資産評価額は低く出るものです。私の経験上、土地の実勢価格だけで1億円台後半になるかもしれません。そうすると、頑丈な建物がタダということになります。資産価値からすれば格安ですよ」

確かに資産価値はありそうだけど、やっぱり利回りは低いですよね。ローンを組んだら大変なのでは？

「この立地で建物もＲＣですから、銀行の担保評価も高いのです。当社の紹介する銀行でしたら30年ローンも組めますし、自己資金も少なくて済むかもしれません。ただし、審査が必要になります」

目の前に「お客様アンケート」の用紙が差し出されました。

「Ｂ様は一流企業にお勤めですから、銀行も積極的に取り組むと思います。買う買わないは別として、買えるかどうか審査してもらったらいかがですか」

まあ、審査してもらうだけならいいか。

●銀行は、物件の担保価値と購入者の与信を見る

Ｂさんはα不動産から紹介されたＳ銀行へ、給与所得の源泉徴収票、住宅ローンの借入れ明細書と預貯金明細などを持参しました。対応してくれたのは融資窓口のＮさん。30代で肩書きはチームリーダーです。

「勤続も10年以上ですね。ご自宅のローンも返済が進んでいますし、預貯金もしっかりお持ちですね。株式といった有価証券への投資などはご経験がありますか」

興味はありますが、儲かっているときは大騒ぎして、損すると黙ってしまう人を見て不安に

なりました。

「なるほど。では、どうして不動産を買おうと思われたのですか」

そういえば、あらためて考えたことがなかった。うーん。

まず、土地と建物が目の前にある現物への投資だということ。

入居率が良ければの話だけれど、一定の収入が長期間見込めること。

すぐに儲からなくても、歳月とともにいつの間にか資産が増えていく投資だと思えること。

思いつく理由はこのくらいですね。

「なるほど、とても手堅い考えですね。融資担当の私が言うのも変ですが、最近、不動産投資を安易に考えている人が多くて心配になるんです。そういう方は当行では審査が通らない場合が多いのですが、一部の積極的な銀行だと融資をすることもあるようです」

え？　他行は融資の条件がゆるいということですか？　こちらには悪いけど、ちょっと気になります。

「審査では対象物件の担保価値と、お申込みいただいた方個人の信用（与信）の両方を見ます。当行の方針では、どちらも適切でなければ融資することはできません」

なるほど。それが当たり前でしょうね。

「でも、物件の担保価値が大きく不足していても、個人の与信を中心に考えて融資する銀行もあります」

融資してくれるのなら、それでも良さそうですが。

「確かに、購入後に順調に運営できればそれでいいわけですし、そうであることを願っています」

順調でない場合はどうなります？

●不動産投資に行き詰まった場合はどう対処する？

「賃貸業は事業ですから想定外のことも発生します。空室が埋まらなかったり、家賃が急激に下がったりすることもあるでしょう。大きなマンションだと外壁塗装やエレベータの修繕などに1000万円以上の費用が必要になることもあります。悪いことが重なると、毎月の返済より家賃収入が少なくなってしまいます。

当然、不足分は個人の収入で払うことになります。まあ、数カ月でしたらなんとかなるでしょうが、一度下がった家賃は簡単には上がらないので、恒常的にお金が出ていくことになるでしょう。そうすると生活が立ち行かなくなることだってあります」

他人事ではないですね。私だってそうなるかもしれない。

「そのような場合にどう対処するかですが、ひとつは銀行に相談してリスケジュール（現状に合わせて返済条件を見直すこと）を検討することです。リスケで返済期間を延長するのが一般的ですね」

なるほど、それは助かりますね。

「でも、返済期間を延ばすというのは問題を先送りしているだけです。延ばした分だけ金利も余分に支払うことになります。つまり経費が増えるわけですから、当然、利益が減ります。本来、利益を出すために投資をしたのに、家賃が下がり、大きな修繕費がかかり、さらに金利負担も増えると、利益は見込めなくなってしまうことも起こり得ます。

リスケのほかにも、もうひとつ方法があります。それは物件を売却して清算してしまうことです」

なるほど、売って撤退するということですね。

「そうです。でも、もともと積極的な銀行が担保評価は低いけれど個人の与信を高く評価して融資した物件ですと、売却しようとしても購入価格に近い金額ではなかなか買い手が現れない可能性が高いでしょう」

もしかして、その積極的な銀行が買い手に融資してくれるかも？

「可能性はありますが、その銀行でもひとつ問題があるでしょうね」

どこが問題なんでしょうか。

「その物件が入居率悪化と家賃下落の状態になっていることです。まあ、家賃を下げれば入居率は上がると思いますから、ここは家賃下落の問題に絞ってお話ししましょう」

●銀行は物件の担保価値をこう計算する①——積算法の実際

「審査では、不動産の担保価値と個人の属性が問題になると言いましたが、少し掘り下げて説明しますね」

と、Nさんは紙に図を書いて説明をしてくれました。

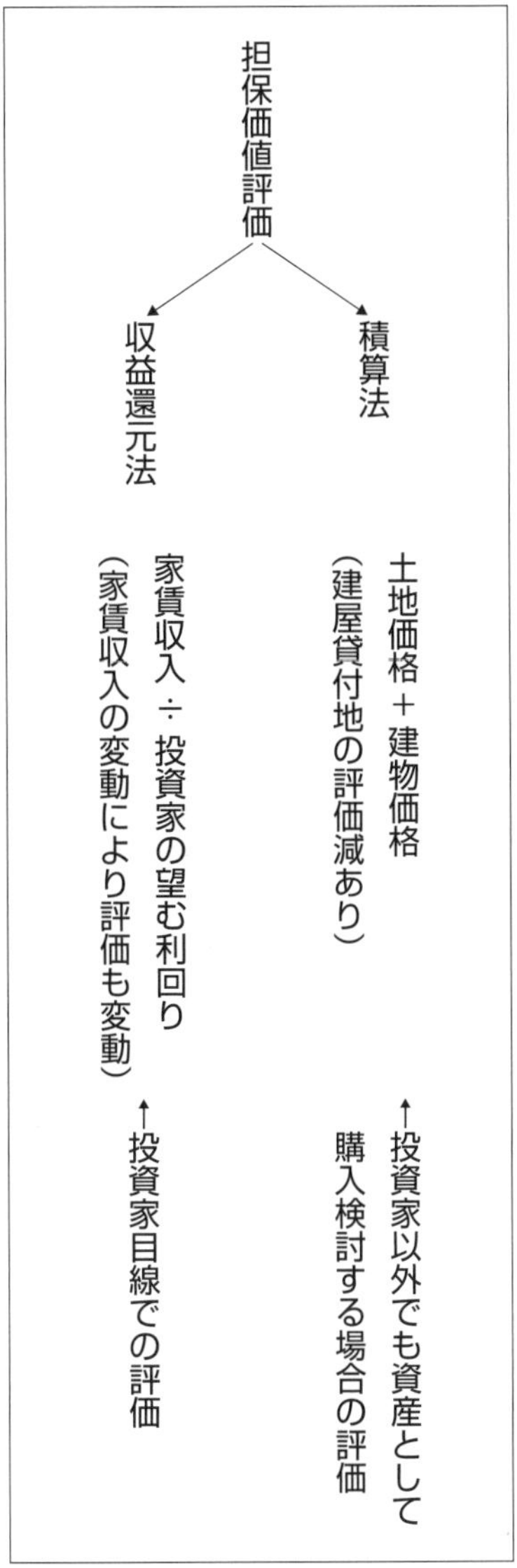
担保価値評価
積算法
収益還元法
土地価格＋建物価格
（建屋貸付地の評価減あり）
←投資家以外でも資産として
購入検討する場合の評価
家賃収入÷投資家の望む利回り
（家賃収入の変動により評価も変動）
←投資家目線での評価

「少し専門的になりますが、銀行の担保評価には、2つの方法、積算法と収益還元法があります。積算法は土地の資産的価値、たとえば、該当する土地が坪100万円で100坪だったら

１億円といった計算をします。実際には土地の形状、特に道路付けの状態などで補正しますが、まあ大ざっぱに土地の時価と考えればいいでしょう。

建物については、床面積と構造から再調達価格（その建物を今建設したらいくらかかるか）を計算して、耐用年数から経過年数分を差し引いて残存価格を出します。耐用年数は銀行ごとに違ってきますが、だいたい木造で20年、鉄骨で30年から40年、ＲＣで40年といったところです。

せっかくですから、今回の物件を例にとって説明しましょう。

この物件は築23年のＲＣ造りで床面積は１７０坪、再調達価格は当行の基準だと坪当たり65万円ですので、65×１７０＝１１０５０で再調達価格は１億１０５０万円とみなします。そこから経過年数分の減価を差し引くと、１１０５０×（40−23）÷40＝４６９６万円、多少加算して５０００万円という評価になります。

土地は１２５坪で近隣の土地は最近坪１２０万で売れていますから、不動産屋さんの言うように１億５０００万という計算になるかもしれませんが、長方形の土地の形のうち短い面が道路に面しています。そうすると、この土地を分割して売却するにしても細かくは割れないことになります。小さい土地だったら住宅用地として売りやすいのですが、まとめて売るとなると買う人が限定されてきますので、額面どおりの時価評価は難しいでしょう。そこで、その分を評価減したとしてだいたい１億３０００万円くらいになりそうです」

なるほど、売りやすいかどうかもポイントの一つ、ということですね。そうすると、この物件の担保評価は、土地と建物の合計で1億８０００万円ということか。

「いえ、残念ながらそうはなりません。確かに時価としては1億８０００万円ですが、担保として見る場合は建屋貸付地の減額が必要になります。つまり、この物件は賃貸物件なので賃借権が発生しています。そのため、何らかの理由で立退いてもらうとしても立退き料などの費用がかかるので、その費用を減額する必要があるわけです。銀行によって差はありますが、大体20％から30％の評価減になります。ですから、この物件の積算評価での担保価値は1億３０００万円前後でしょう」

うーん、ずいぶん下がりますね。でも、イメージはつかめました。

「では、今度は収益還元法での評価をお話しします。収益還元とは、その物件の1年間の収益、つまり年間家賃を想定して、その家賃収入が入ってくるのであれば、収益不動産を買いたい人はいくらだったら買うのかを計算する方法です」

家賃収入を元に物件価格を計算するということですか？　具体的にはどうやって計算するのでしょう。

●銀行は物件の担保価値をこう計算する②――収益還元法の考え方

「専門的にはさまざまな要素を加味しなければなりませんが、ここでは収益還元法の概略だけお話ししますね。

この物件の年間家賃収入は1500万円です。ただ、これは表面家賃なので、ここから空室率や必要経費を差し引いたネット収入、つまり実質収入を計算する必要があります。実態は調査しなければわかりませんが、仮にネットの家賃収入が1200万円だとしましょう。それに対して、今の経済情勢から不動産を買いたいと思っている人が最低限ほしいと思っているネット利回りが8％だとします。

この物件の年間家賃は1200万円ですので、8％で割り戻すと1200万円÷8％＝15000万円という値が出ます。つまり、この物件は1億5000万円なら買いたいという人が現れるから、収益還元価格は1億5000万円だと考えるのです」

なるほど、私自身もそういった「買いたい人」のひとりというわけですね。

「銀行では、この積算法と収益還元法を参考に、最終的な担保価値を算出します。収益還元法では築年数は考慮されませんので、古い物件だと積算法より収益還元法の評価が高くなる傾向があります」

古い建物だと、積算法での評価はゼロでも、家賃を基準に還元法で考えれば評価は出しやすいと。

「特に積極的な銀行では、その傾向が高くなります。と言いますか、そうしないと評価が出ないわけです。ところでBさん、家賃が下がると、収益還元価格はどうなると思いますか？」

もちろん下がりますよね。家賃収入が5％下がれば1億5000万円が1億4250万円になり、10％下がると1億3500万円になる、ということでしょうか。

「そうですね。実際には家賃が下がっても必要経費は下がらないので、もう少し下落幅は拡大しますが、イメージとしてはそれでかまいません。そのとき、積極的な銀行の評価はどうなりますか」

もともと積算評価では担保価値が出ないので収益還元価格で計算する、という話でしたよね。その収益還元法の根拠となる家賃が下がれば還元価格も下がってしまう。そうすると、いくら積極的な銀行でも融資金額は下がってくることになる……。

「そうです。だから投資が（といっても実は賃貸経営ですが）行き詰まったときに、希望価格、少なくとも損失が出ない価格で売ることとさえ大変になってくるのです。それに加えて、とても気がかりなことがあります」

え、まだ何かあるの？

●さらに上乗せして融資する銀行もある

「私たち銀行関係者の間では、多少の差はあるとはいえ、「金融村」の一員としてぎりぎり無理をしてもこの金額が限度だろうというコンセンサスがあります。先ほどの収益還元法による価格も、私からすれば過大評価と感じますが、一定の理屈は通っていると思う部分もあります。

ところが、一部の銀行ではその額を超えて融資されている実態があるのです」

うーん。担保評価をさらに上乗せしているということですか？

「それについては今から順を追って説明していきますね。

銀行が融資を検討するときには2つのポイント、保全の確認と支払い能力（物件の家賃収入プラス個人の属性に基づいた返済余力）を中心に考えます。保全というのは、債務不履行になった場合、売却などによって融資を回収できるかどうかということです」

競売とか任意売却といった話ですね。

「そうです。いざとなったときの回収方法について検討することです。とはいえ、銀行は貸すからには遅滞なく返済してもらうのが大前提です。ですから保全とは、銀行にとって万が一のときの保険みたいなものと考えればいいでしょう。

つまり、いくら保全が万全でも、支払能力に不安があれば銀行は融資しません。そのため、不動産投資の場合、支払能力はその不動産の収益で賄われることを基本としています。ただし、それだけに限定するとなると、家賃の急激な下落や入居率低下などに見舞われた場合に返済が滞る可能性が出てきます。ですので、購入希望者の勤務先、収入などを参考に、個人の支払能力も考慮する必要があるのです」

だから、年収条件があるのですね。

「単純化すればそういうことです。ですから当行でも個人の支払能力も見込んで融資しています。しかし、支払能力の基本は不動産の収益であることは変わりありません。そのため、不動産の収益のみで返済が危ういと判断された場合、融資金額を限定して不足分は自己資金をご用意していただくか、それが無理であればお断りしているのです」

なるほど、購入した後のことを考えれば、単純に融資さえしてくれればいいということではないのですね。

「でも、ここで割り切って最初から個人の支払能力も使って返済してもらうという考えであれば、もっと融資金額は増やせることになります。つまり……その……」

どうやら口に出して言いにくいことのようですが、ぜひ聞きたいですね。

「今までの話も、あくまで私個人としての考えとして受け取ってくださいね。特に、ここからお話しすることは本当に私見ですから」

はい。了解しました。

「一部の銀行では、不動産への融資検討の際に、個人の支払能力を補助的なものではなく実際に必要になる可能性が高いのを承知で、「不動産の購入資金」としてコンセンサスを超えて融資しているようなのです。つまり、実態は「不動産の購入資金」としての融資と「個人へのフリーローン」としての融資が合算されているように思えるのです」

え、どういうことですか？

「たとえば、どう甘く審査しても１億円しか融資できない物件があるとしますね。でも、購入者本人の収入が確実であれば、個人への無担保貸付け、フリーローンとして追加で1000万円を融資することが可能かもしれません。ですが、不動産で1億円、個人へのフリーローン1000万円だとあからさまですし、借りる側もあまり気持ちのいいものではないでしょう。ですから表面的には1億1000万円の不動産購入資金として貸し出しているのではないかと思うのです」

なるほど、そういう見方も成り立つわけですね。

「そう考えると、不動産向け融資としては割高な金利というのも納得できるわけです。金利のレベルはフリーローンの割安なものと大差ありませんから」

●金利が高いと元金返済が進まない

そういえば、金利についてはまだ聞いていませんでした。

「金利は、融資実行時点で決まります。通常当行では店頭基準金利（各行が独自に設定する金利ですが、銀行ごとに大きく差があるものではありません）を若干下回るレベルでご提示することになるでしょう。ですが、先ほど言ったような積極的な融資をする銀行だと、店頭基準金利に2％程度上乗せしているようです」

うーん。それはけっこう高いですね。

「そう。この高い金利がまた問題なのです。たとえば30年払い元利均等で金利2・5％と4・

５％だと、１億円借りたときの１年目の返済金額とそのうちの元金返済と金利支払の実額は次のようになります。

２・５％の場合　返済額４７８万円＝元金返済額２２８万円＋金利支払２５０万円
４・５％の場合　返済額６１４万円＝元金返済額１６４万円＋金利支払４５０万円

この数字を見てどう思いますか」

うーん、２・５％でも半分以上は金利になるのか。４・５％だと金利支払が７割以上ですね。

「そうです。せっかく家賃収入が入ってきても金利で出て行ってしまいます。その結果として元金返済はなかなか進んでいかないのです。元金返済が遅々として進んでいない状態で売却しようとすると、残債分をすべて売却代金で賄うことができないかもしれません。その場合は不足分を個人で補填することになります」

何だか怖い話だなあ。不動産投資はやめたほうがいいのでしょうか。

「脅かすようなことを言って申し訳ありません。もちろん、破綻する人はごく一部です。絶対に大丈夫とは言い切れませんが、当行は破綻の危険性を少なくするため、不動産収入のほかに個人収入での負担が必要になると思われる案件には融資しないことにしています。

ですから当行での融資審査は、結果としてある程度のリスク回避の効果はあると思います。

万が一、当行でお断りして、それでもあきらめきれずにさらに積極的な銀行で融資を受けて購入を考える場合は、冷静に判断してくださいね」

なるほど、ポリシーある銀行での融資結果は、誠実なアドバイスとして受け止めればよいのですね。

「そう捉えていただければ……でも、例外もあります」

えー、まだあるの？

●銀行の審査にも現場の裁量がある

「銀行での融資審査は、それぞれの行独自の審査基準に基づいてなされます。ですから基本的には差は出ないはずですが、実際は担当者の取り組み方や担当支店の力関係で結果が違ってくるのです。

たとえば良い物件で本当に積極的に融資したい場合と、物件自体に確信が持てない場合があったとします。稟議書《りんぎしょ》を作成するとき、前者は良い物件ですから稟議の基礎となる数字は事実のままで問題ありませんが、後者は裁量の範囲内で最大限よく見せることも考えられます。

もちろん審査部でチェックされ、担当者はさまざまな質問、確認事項に答えなければなりません。ですが、審査部と担当部店長の力関係によっては、簡単に認められることもないわけではありません」

そういえば、ネットにも似たようなことが書いてあるブログがあったな。

「そういうブログは私も見たことがあります。でも、大半は借りたい人の視点で書かれています。融資現場からすれば、借りられるからといってすべて良い結果につながるとは限らないことも書いておいたほうがいいのに、という気がします」

では、どうしたらいいのでしょう。

「いろいろな情報に惑わされず、ご自身で物件を見極める力をつけることではないでしょうか。私たち銀行員は事業性の融資に携わることが多いのですが、実際にその事業が成立するかどうかについて正しく判断できるわけではありません。正確に言うと、銀行は投資に対して融資はしません。不動産投資を賃貸事業としてとらえるからこそ融資するわけです。事業の性質上、地域、間取りなどである程度推測はできますが、その成否については事業主となる方がしっかり判断しなければならないのです」

安易に手を出してはいけないということですね。でも、それを承知で聞きます。この物件、どう思いますか？

「……Bさんは聞き上手ですね。つい、銀行員としての立場を超えて話してしまいます。私たちは、本当は物件の良し悪しについてコメントしてはいけないので、これはあくまで雑談として聞いてください」

最初からそのつもりです。

「まず、この地域は古くから需要の強い地域ですが、遊休地は少ないので今後供給が過大となることはないでしょう。ですから家賃相場、入居率も安定していると思います。需要が安定しているということは、不動産価格も安定するということです。経年による価格下落はあるとしても、極端に下がることはないでしょう。

そういった立地であることを加味すると物件価格が高めになり、必然的に利回りが低くなります。一方、買い手としては安く買って利回りを高くしたいですね。でも、**不動産投資で表示される利回りはそもそも利回りではないでしょう**」

え、何を言っているのかわからないのだけど……。どういうことですか？

「私が言えるのはここまでかもしれません。もっと現実的な話で留めておきましょう。この物件は買える人にとっては良い物件だと思いますよ」

どうでしょう。少し怖くなってきましたか。本書はノウハウの羅列ではなく、投資のイメージをつかみやすいようにダイアログも取り入れています。当事者になったつもりで読み進んでいただければ幸いです。

●不動産仲介会社ベテラン社員の内輪話

さて、Bさんと融資担当者の会話はまだ続いていますが、ここで物件を紹介したα不動産を覗いてみましょう。ベテラン社員のFさんとアシスタントY嬢が雑談中です。

「この物件、まだ照会が入っているな。これで何人目になった？」

これで10人目です。そろそろお断りしましょうか。

「そうだなあ。買いたい人は多くても、買える人が何人いるかが問題だからね。もう少し受付けておこうか」

そうですね。契約しても融資がつかないで流れることもありますしね（彼女は先月の融資流れの件を思い出した）。契約書、重要事項説明書を作成して手付金だって支払ってもらったのに、すべて無駄。元付の不動産屋は別のところだったので、次に待っていた業者の買主の手に渡ってしまいましたね。

「最近はアンケートで年収を多めに書く人もいるからね。でも、先月流れた人は別の理由があったんだ」

え、なにかあったんですか？

「年収は確かにあったよ。それに勤務先もちゃんとしたところだった。でも……2カ月前に他の物件を買ったばかりだったんだよ。それも億超えでね。それを銀行には説明しないで通そうとしてさ」

そんなことができるんですか？

「できないから流れたの。でも、あの人の言い分も一理あるから文句も言えなくてさ。奥さん名義で会社を作って買ったから関係ないって。そうは言っても、連帯保証人になっていれば銀行は一体で見るのにね」

その人って、本当にサラリーマンですか？

「そうだよ。最近はネットや本でいろいろな情報があってね。短期間に何棟も買い進めるとか、僕ら業界の人間でもびっくりする話があるんだよ」

そうですか。でも、そんなことをして大丈夫なんですか？

「運がよければね。それか元々お金があればね。でもお勧めはできないなあ」

●「不動産を買う＝犬を飼う」という仮説

「ところでYさん、犬は好き？」

え、好きですけど……。いきなり、なんの話ですか？

「犬、ほしいですか？」

ええ。だけど、マンションはペットが飼えないので無理です。

「ちょっと変かもしれないけど、大好きな犬を不動産、えさ代とか予防注射は維持管理費、お金は生まないけど癒されるのが家賃収入だと想像してみて。今はペットが飼えないけど、引越せば飼えますすね。犬の代金は物件価格、引越し代は仲介手数料や登記費用かな」

なるほど。お金のある人とか、年収の高い人は大型犬（＝高額物件）も飼え（＝買え）ますね。そうでないと小型犬（＝小ぶりの物件）ですか。

「そう。ただ稀に狭い住まいで大型犬を飼う人もいますね。窮屈でも本当に犬好きで我慢できればなんとかなるかもしれないね。覚悟を決めるならいいかもしれません。

でもね、飼いはじめて1年くらい一緒に過ごさないと、その犬の性格とか健康状態とかわからないでしょう。えさ代やトリマーの費用だって、飼ってみてからわかることだよね。それに大切なことも知らないと」

大切なことって？

「どのくらい自分は犬が好きなのかどうか。かわいいところだけを見ていたんじゃないのか。世話がちゃんとできるのか。それに飼ってみて本当に良かったと思えるかどうか」

そうですね。ペットショップで衝動買いして後悔している人もいるかもしれませんね。

「どんな犬でも、飼ったらかわいがってあげないとね。嫌になったからすぐ返品ってわけにもいかないでしょう。これも不動産に似ていませんか」

たしかに似ています。

「だからね、短期間に連続して不動産を買おうとする人ってどうなのかな。少なくとも1年くらいは様子を見ないとね。それでもまた欲しくなったら、まだ余裕があるか考えて行動すればいいでしょう」

でも、今はどんどん買おうという人が多いでしょう。どうしてですか？

「うーん。たぶん2つの理由があると思う。ひとつは「お金に目がくらむこと」、もうひとつは「そそのかす人がいること」かな」

お金に目がくらむって……そんな景気のいい話があるんですか？

●キャッシュフローは利益ではない

「たとえば、有名企業の社員とか公務員の場合、自己資金が少なくても不動産の購入資金として大きなお金を貸してくれる場合があるんだよ。極端な話、数百万の自己資金で億の物件が買えたり、自己資金ゼロでも買えちゃったりね。で、買ってからどうなるか。計算通りであればだけど、家賃からローンを払っても、毎月それなりのお金が残ります。Yさんの給料くらいは余裕かな」

えー、私の給料は安いけど、不動産を買うことでそれだけもらえるなら私だって欲しい。

「そう思うでしょ。でもカラクリがあってね……。詐欺とかではないから仲介業者には責任はないと思うけど……。家賃からローンを引いたお金が残るんだよね。そのお金はどんなお金？」

不動産を買って貰えるお金だから、投資の利益？

「そう考えてしまう人が多いよね。やっぱり、お金は目をくらませますね。では、問題です。ローンで返済する金額は何で決まりますか？」

えーと、借入金額と返済年数と金利です。

「正解。そうすると、返済年数を延ばせば毎月の返済額は減りますよね。それに、金利が高い場合も返済年数を延ばすと手元に残るお金が多くなります。でも、年数が延びれば借金はなかなか減らない。つまり、返済したあとに残るお金（これをキャッシュフローと言います）と投資の利益は同じではないということになるでしょ」

そうかもしれません。でも、お金が入ってくるとそんなこと忘れて、収入みたいに考えてしまうかも。

「過去にはイコールで考えてもよかった時代もありました。だから今も間違いを正す人は少ないんです」

過去にはそう考えてよかった？

「えーと、中古物件を一般の人がごく普通に買うようになったのは、ここ10～15年くらいですね」

10年前と言えば、私はまだ学生でしたよ。

●ローンが残っているのに建物の寿命が尽きてしまう

「以前はね、アパートとかマンションのオーナーって、大半が地主さんだったんです。中古の売買というより自分の土地に新築を建てるのが普通でした。建築メーカーがプランを持ってきて、建築費がいくら、その建築費を30年返済にするとローンを払っても毎年○○万円残ります、これが利益です、というセールストークでね。厳密に言えばちょっと違いますが、イコールで考えても問題はなかったんです」

中古の場合でも同じように思いますけど……。違うんですか?

「地主さんの場合は新築のローンですね。建物は30年後もまだ現役で使えているでしょう。だから30年で元金を支払っているのは、建物が最低でも30年は使えるので、その間に建築費用を分割で払っていきましょうということです。つまり、「かかった費用をその寿命の範囲内で差し引いて、残った残金、つまりキャッシャフローは利益として使っても大丈夫です」というセールストークだね。一応理屈は合っているでしょ」

そうですね。問題はなさそうですね。

「そういうセールスの慣習がある中で、中古物件を一般の人が買い始めたわけです。そして、中古物件を買う人にも新築と同じセールストークを使ってしまった。私にはそう思えるんだな」

よくわからないです。どこが違うの?

「だってね、築20年の物件を30年ローンで買うと、完済するときは築50年でしょう。その間には大きな修繕だって必要になると思うし、そもそも完済まで賃貸物件として成立しているのかなあ」

つまり、まだローンが残っているうちに建物の寿命が見えてくるということ？

「そう。だから、もし順調にキャッシュフローが手に入っても、先の見通しが立たなければそれを収入と思ってはいけないのです。人間も歳をとってくれば突然病気になったり、働けなくなったりするでしょう。建物だって古くなれば修繕費が大きくなる。その費用に備えるためにもお金は貯めておかないといけません。

でもね、お金が入ってくると、やっぱり勘違いする人も多いんだ。それで「キャッシュフローは利益だから使っていい」「給料以上にお金が入ってくるからもう仕事はしなくていい」とか「こんなに簡単にお金が入ってくるなら、もう一つ、いやもっと欲しい」ってね」

なるほど、お金に目がくらむって、そういうことですね。

「買ったのが大きな物件でも、それひとつだけであれば、そして仕事をやめなければ、勘違いしていてもなんとかなるでしょう。だけど同じ勘違いで何棟も買ってしまうと大変だと思うね。でも、この業界は手数料ビジネスで、仲介すればするほど儲かるから、買いたい人を止めようとする仲介業者は少ないよ」

そうですね。手数料が増えれば私のボーナスだって増えるかも。

「まあ、そういうこと。だからね、買いたい人を止めるのではなく、そそのかして買わせる業者も出てきます」

●「属性の良い人」にリミットまで付きまとう人たち

「ところで、クレジットカードの限度額って気にしたことある？」

大きな買い物はしないのでわからないです。

「普通のカードだと20万、ゴールドで100万、プラチナで200万くらいです。ほら、このプラチナカード1枚で安い車なら買えるね」

え、プラチナカード持ってるんですか！　Fさん、そんなに年収ありましたっけ？

「その話はいずれ機会があればね。さて、プラチナやゴールドは年収、勤務先などを審査して通らないと持つことはできないよね。持ちたくても持てない人もいるということ、これも似てませんか？」

不動産投資の融資にですか？

「そう。銀行が融資したがるのも、最低でもゴールド、できればプラチナを持てるくらいの人たちですね。うちもお客様アンケートを書いてもらうでしょ。いろんな項目があるけど、本当に知りたいのは年収と勤務先。それを見て、この人は買えるかどうか値踏みしてるわけです」

現実は厳しいですね。

「ほら、この物件で4番目に買付けを入れてくれたBさん、その前に3人から買付けが入ってるけど、年収と勤務先から考えて、私の中では彼を一番手と見ています。それにね、Bさんだったら物件によるけれど何棟か買えるかもしれないね。特に今回の物件は良い物件だから、次までいけると思う」

今回の物件は1億円台後半ですよね。それでも次があるわけですか？

「Bさんは年収も勤め先も問題なし、それに自宅は持ち家でローン残高も少ないようだから、自宅を共同担保にすれば今回の融資は余裕でいけます。自己資金もそれほど使わなくていいはず。そうすると、次を買うときも銀行は前向きに取り組んでくれるでしょうね」

それなら、良い物件がでたら勧めたらどうですか。

「うーん。そうするとBさんの与信をリミットまで使ってしまうことになるから、本当に良いと確信できる物件以外はやっぱり勧めないと思う。だけどね、Bさんのような良い属性を利用して1棟目だけでなく、2棟目、3棟目と、たわいもない普通の物件を売ろうとする業者もいるんだよね」

でも、普通の物件だとそんなに買えないでしょう。

「ところが業者も手馴れたもので、いろんなパターンで買える状態を作り出しています。たとえば、最初は首都圏の高額物件を、多少担保割れしていても個人の与信を評価してもらって買わせます。そうすると、次に同じような物件が出てきても、担保不足で買えなかったりします。

そうしたら今度は少し地方の物件で、担保評価に比較して割安と思える物件を紹介します。セールストークは「地域分散でリスクを回避しましょう」もしくは「高利回り物件でキャッシュフローを良くしましょう」かな。まあ、これでまた何棟かいけるかもしれませんね。融資が難しくなってきたら、次は「土地値価格の地方貸家物件か、中古の区分所有を貯まったキャッシュフローで現金買いしましょう」かもね」

でも、買えるならいいじゃないですか。

「そう思ってしまうよね。でも、大切なことを忘れてないですか?」

え? 大切なことって?

「買うのが目的じゃないでしょ。買うことによって利益を得ることが目的でしょう」

第2章　キャッシュフローと利益（所得）について考える

不動産投資は、購入希望者、銀行、仲介業者の3者、そして表にはあまり出てこない売主を加えた4者の間で交渉が行われ、条件が見合ったところで不動産が流通していきます。大きなお金が動きますので、この4者のさまざまな思惑が交錯しながら舞台が回っていくのです。

もちろん、本書の主役は購入希望者であり、そして購入希望者の望みが「利益」であることは間違いないでしょう。そこで、本章では不動産投資の本当のキモである、投資の利益とキャッシュフローの関係について、図解しながらお話ししていきます。具体的に数字（金額）を示していきますので、皆さんはご自分の通帳の残高が変わっていくのをイメージしながら読み進めてください。

●重要なのはキャッシュフローですか？

モデルケースとして、1億円で利回り10％の物件があったとしましょう。

利回りが10％なので、満室なら1年で1000万円の家賃が入ってきます。賃貸経営のために必要となる経費としては、固定資産税60万円、仲介業者への管理費50万円、壁紙張替などの修繕費が40万円。入居率はとても良いのですが、それでも空室の損失が年間50万円出ます。ですから手元に残る家賃は年間800万円、利回りは8％になります。これを図にすると図①のようになります。

1億円を現金で払うと、1年で800万円がもらえるということです。

普通は1億円を現金で払うことはできませんから、資金を借りることになるでしょう。その場合、家賃収入の800万円から借金の返済をすることになります。そこでこの内容を図にすると、図②のようになります。

家賃の振込口座と借金の返済口座がひとつである場合、まずその口座に家賃が振り込まれ、そこから金利支払と元金返済分が引き落とされ、残金が残る形で記帳されていくことになります。ただし、大多数の銀行では金利支払と元金返済分の合算金額のみが記帳され、その内訳は明示されません。そのため図③のように、返済額と残金、つまりキャッシュフローばかりが注目されることになります。

さらには、返済額のことさえ忘れてしまい、キャッシュフローの金額だけを見て、

「毎月○○万円のキャッシュフローが入ってくる。サラリーよりずっと多くなったからもう大丈夫だ。俺もついに経済的自由を手に入れた！　さあ、リタイアして自由を謳歌しよう！」

と騒ぐ人が出てくるわけです。でも本当にそれで大丈夫なのでしょうか。

図①　１億円を現金で支払うと、１年で 800 万円もらえる

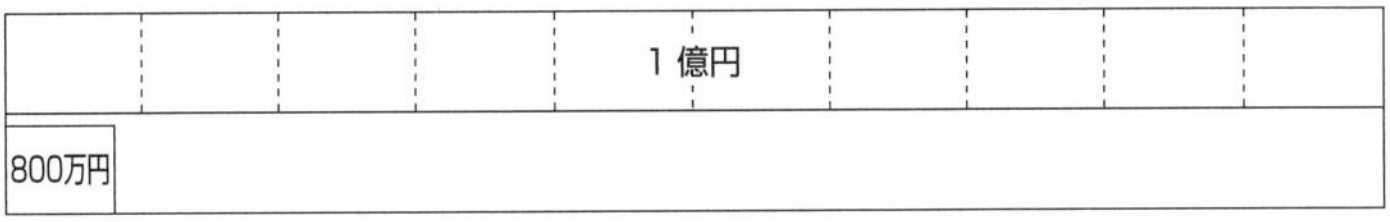

図②　借入金で購入し、家賃収入から借金の返済をする

図③　残金（キャッシュフロー）のみに注目してしまう

●キャッシュフローは操作できる

実は、キャッシュフロー（CF）は簡単に変化させることができるのです。といっても、キャッシュフロー自体を単独で変化させることはできません。

次にまとめたように、キャッシュフローは家賃から金利支払と元金返済額を差し引いた「おつり」です。おつりは、支払う金額、つまり金利支払と元金返済額が変わることによって変化します。

家賃収入……………家賃相場により確定した値（ただし購入後のスキルにより入居率、家賃は変化する）
金利支払……………融資条件（リスク評価）によって決まる
元金返済額…………融資条件（返済期間）によって決まる
キャッシュフロー……右の3要素によって決まる

家賃収入は賃貸経営の手腕によって変わる可能性がありますが、これはこの章の主題ではないので、ここでは家賃は相場の平均的な値で決まり、操作は困難だと仮定します。

そうすると、金利支払と元金返済額という操作可能な2つの要素が、キャッシュフローに影響を与えることになります。

この2つを操作した結果としてキャッシュフローが決まるのですから、キャッシュフローは操作可能ということになりますね。このコントロール可能なキャッシュフローを「利益」と読み替えてしまうとどうなりますか。「利益」が操作可能ということになる？　もし、自由自在に利益を大きくしたり小さくしたりできるのだとしたら、不動産投資はなんとすばらしい投資でしょう！　……大変残念ですが、もちろん、そんなことはありえません。

私自身も経験しているのでよくわかるのですが、通帳にキャッシュフローが積みあがっているのを見ると「儲かっている」と勘違いしてしまう、キャッシュフロー＝利益と勘違いしてしまう場合が多いのです。

そんな心理を巧みに利用されないように、キャッシュフローを操作する手法を知っておきましょう。

●基本手法——返済期間を長くする

キャッシュフローを増やすための基本的な手法としては、「返済期間を長くする」というものがあります。非常に単純な手法ですが、返済期間を延ばせば、元金返済額は減り、キャッシュフローは大きくなります。

たとえば、返済期間を20年から30年に延ばせば、元金返済額は大雑把に言えば3分の2になるはずですね。金利が２％で元利均等のときの初年度概算を見てみましょう。

計算してみると、図④のようにキャッシュフローは１８８万円から３５４万円になりました。期間を１・５倍に延ばしたことで、キャッシュフローはなんと１・８８倍になったわけです。家賃収入に対する返済比率も、20年返済のときは76・５％でしたが、30年返済にすれば56％、つまり半分弱は残ることになります。

これは「良い投資」に見えてきますね。だから「儲かっている」と勘違いしてしまうのです。でも、この図の真ん中の段の、金利と元金の支払金額をよくみてください。

元利均等なので、元金均等に比べて返済前半での金利支払の割合が大きくなっているということもありますが、金利２％で30年返済だと、返済額の半分近くが利息分になっています。試算してみたところ、30年返済の場合、金利が２・３５％を超えると返済額の半分以上が金利支払になります。さすがに大きく感じませんか。

不動産投資向けの融資で２％台の金利は一般的なもので、決して高いわけではありません。これが積極的な銀行の場合だと、金利はさらに３％、４％と上がっていきます。そして、金利が３％になると返済額の60％弱が、４％になると70％弱が金利支払です。

金利支払分は経費ですから、金利をそんなに払って利益を出すのは大変ですね。

実はこの計算をするために、ネット上で銀行などのローン計算シミュレーションを探してみたのですが、どれも返済額の表示のみで、金利支払と元金返済の内訳がわかるものはありませ

図④　返済期間が20年から30年に延びると、CFは1.88倍に

んでした。

　探しきれなかったのかもしれませんが、「返済額の内訳をなるべく見せたくない」という意識が銀行にあるのかもしれませんね。

●応用手法――返済期間を長くして金利を上げる

　つぎに、「返済期間を長くしてさらに金利を上げる」という手法もあります。

　返済年数が同じままで金利が高くなれば、月々の返済額が高くなり、結果としてキャッシュフローは小さくなります。これでは購買意欲を殺《そ》ぐことになりますので、金利を高く設定したければ、同時に返済期間を長くすることが「営業」的には必要になります。

　返済期間を延ばせば貸し倒れのリスクも増えますから、その分も上乗せして金利を設定するという理屈もあるのかもしれません。しかし、

そうするとキャッシュフローがタイトになるため、さらに期間を延ばしたくなるという、卵と鶏みたいな話になってくるのです。

建物の耐用年数を考慮する必要があるため際限なく期間を延ばすわけにはいきませんが、この耐用年数の捉え方は各行によって差があります。そのため「そんなに延ばして大丈夫？」と思われるような返済期間を設定するケースも散見されます。

そのあたりの理屈はさておき、具体例で考えてみましょう。図⑤を見てください。

左が20年返済・金利2％（元利均等）の1年目、右が30年返済・金利3％（元利均等）の1年目です。キャッシュフローを見ると、20年返済の188万円に対して、30年返済では290万と約1・5倍になります。少し得した気持ちになってしまいませんか。

一部の投資指南書やセミナーでは、「キャッシュフローが大切」「フリーキャッシュを利用して次の投資を」とあおるものもあります。同じ金利で20年返済と30年返済のどちらを選択するのかというのであれば、その考え方もあるでしょう。ですが、金利を上げてまでキャッシュフローを重視するべきではありません。

この試算の場合、総支払額は、金利2％・20年返済の1億2231万円に対して、金利3％・30年返済だと1億5306万円となり、その差は3075万円に上ります。どう計算しても得にはなりませんね。

それなのに、キャッシュフローに眼がくらんで、実際にこのような金利3％・30年返済のパ

図⑤　金利が上がっても、返済期間が延びればCFは増える

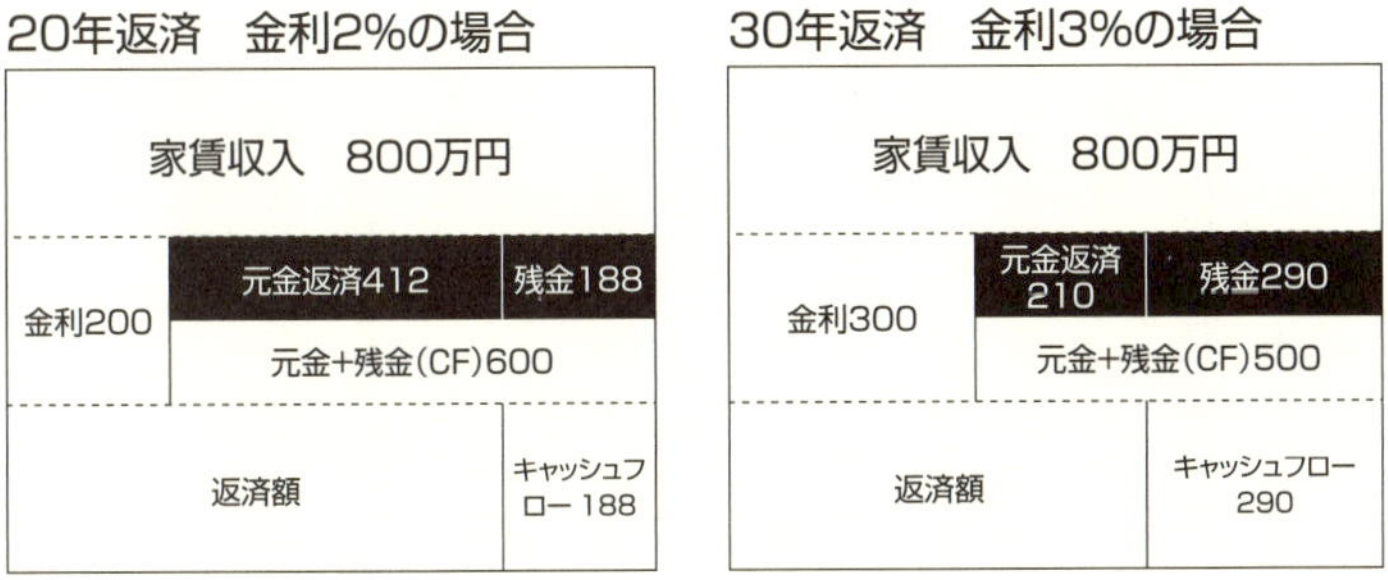

ターンを選んでしまう場合も少なくないようです。

●過大な期待と、その代償としての金利上乗せ

ここまで、なにか銀行の悪口を言っているように誤解されている方もあるかもしれませんが、銀行がリスクのある貸付に対して金利を上乗せするのは当たり前のことです。

銀行もしくは仲介業者に、見た目を良くして借りてもらいたいという意図がまったくないとは言えません。ですが、実は融資を希望する側が「リスクの高い借入＝割高な金利条件」を作り出してしまっている場合があることに気づいていただきたいと思います。

・期待その①　自己資金ゼロ、フルローンがいい

たとえば不動産投資を打ち出の小槌のように考え、小額な資金で大きな成果を望んでいる人にありがちなのが、「自己資金はなるべく出したくない。できれば諸費用も融資してもらいたい」といった考えです。

しかし、自己資金を出さないで事業を始めるのは、ビジネスではむしろ非常識なことです。融資してもらったとしても担保評価と融資額との差は大きくなりますので、その差が上乗せのリスクとなるのです。

・期待その② キャッシュフローでリタイアしたい

また、「とにかくキャッシュフローを手に入れたい」、そして「できればキャッシュフローで生活したい」と考え、長期返済を希望する人もいます。

返済期間が延びれば月々の返済が少なくなるため、デフォルトのリスクが少なくなるといった考え方もあるでしょう。しかし実際には、借入が長期になれば金利負担の総額も増加しますし、返済期間中の家賃下落や入居率悪化のリスクも増大します。また変動金利であれば金利変動のリスクも加味されます。

さらに建物の大規模修繕や建物自体が使えなくなってしまうリスクも、期間が長くなればなるほど増大しますので、銀行からみればリスクは増大すると考えてもおかしくはないでしょう。

もちろん、そのキャッシュフローをすぐに生活費に使ってしまうのは究極の「ハイリスク」

にあたります。

・期待その③　担保価値の低い物件でも十分な借り入れをしたい

不動産投資に期待しすぎると、「とにかく不動産が欲しい」「不動産さえ手に入れば」となり、物件の持つ本来の収益性を超えた割高な金額でも購入してしまうことがあります。この場合、銀行の担保評価から大きく乖離している場合が多く、融資を引き受けてくれる銀行は限られてきます。

また、融資してくれる銀行があったとしても、最初から担保評価との差が大きいことを承知で融資するのですから、そのリスク分は当然のことながら金利として上乗せされます。結局、最初から割高な物件をさらに高い金利で購入するというハンデを背負ってスタートすることになりますので、どう考えても良い選択とは言えないでしょう。

第1章の最後のフレーズをもう一度思い出してください。

「買うのが目的じゃないでしょ。買うことによって利益を得ることが目的でしょう」

●キャッシュフローの呪縛から逃れよう

ここまでで、金利、返済期間とキャッシャフローの関係について理解が深まったことと思います。

復習すると、キャッシュフローの額は返済期間で操作できます。リスクが高く、割高な金利が必要となる融資であっても、返済期間を延ばせば見た目のキャッシュフローは良くなります。

有名企業の正社員や公務員であれば、返済期間を長くして万が一どこかで行き詰まっても「退職金があるから大丈夫」などと関係者が考えていないといいですね。

まさかとは思いますが、もしあなたがキャッシュフローを重視するあまり借入を長期に設定して、最終的には退職金をあてにして不動産投資を組み立てようとしているなら、再度計画を見直すようにお勧めします。

では、この呪縛から逃れて、次に見るべき「成功への鍵」はどこにあるのでしょう。

●不動産投資成功への第一の鍵――見えるお金と本当の利益（所得）を見極める目

賢明な皆さんはもうお気づきだと思いますが、不動産投資の成功への鍵とは、「本当に利益（所得）となっている金額」であり、それは「元金返済額＋キャッシュフロー」の中にある、と私は考えています。

先ほどの図で確認してみましょう（図⑥）。

銀行への返済額のうち、元金返済は利益（所得）の一部だとみなすことができます。返済した額だけ借入金が減っていくのですから、経費となって消えてしまう金利支払とは性質が全く違います。

図⑥　本当の利益はここに隠れている

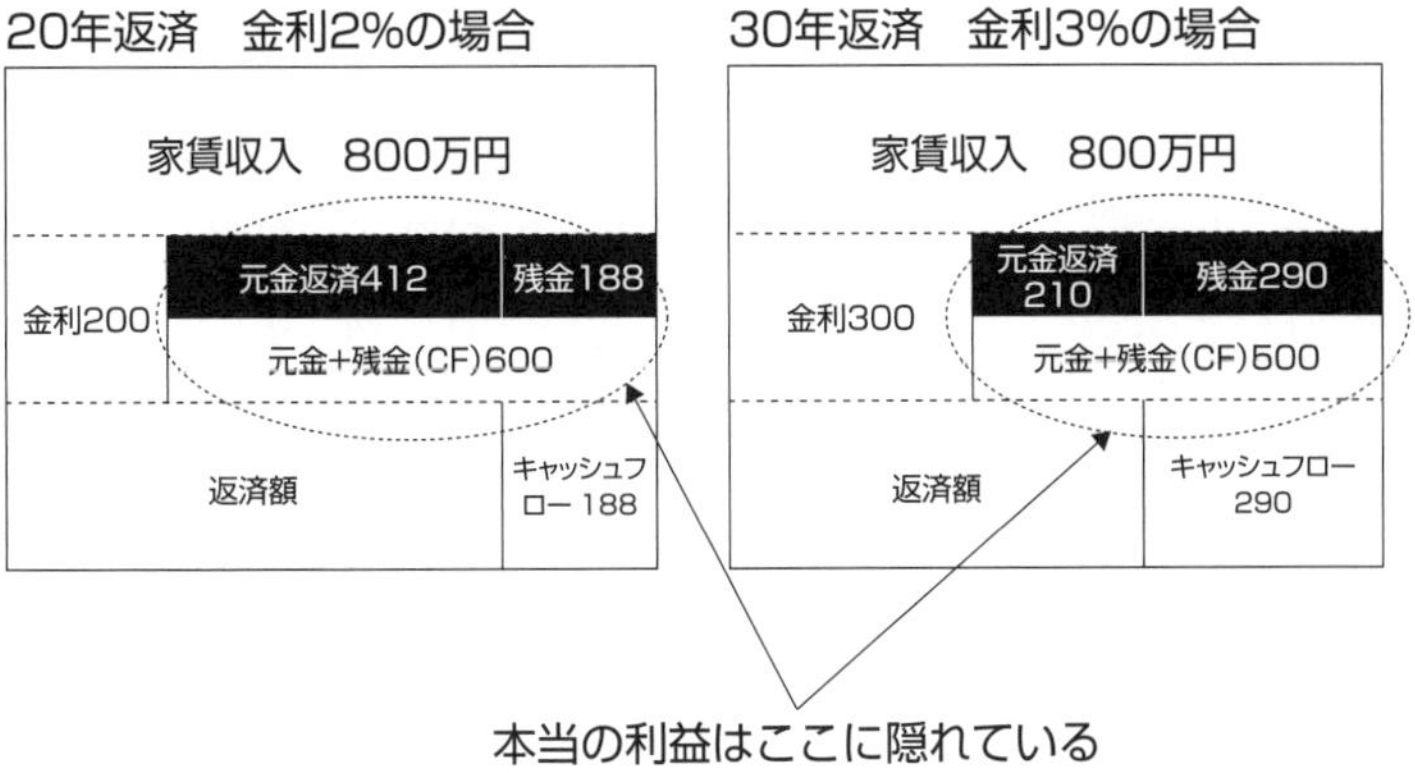

実際には手元に入ってこないため実感がわかないかもしれませんが、一度手元に入ってきたお金を自主的に元金返済に回している、とイメージしてみてください。

図⑥は、20年返済・金利2％のとき、家賃収入として800万円を受け取って金利200万円を支払い、元金のうち412万円を返済して、188万円は手元に運転資金として確保していることを示しています。

同じく、30年返済・金利3％のときは、家賃収入として800万円を受け取って金利300万円を支払い、元金のうち210万円を返済して、290万円は手元に運転資金として確保していると考えてください。こちらの場合には、金利が元金返済分を上回っていますね。

また、どちらの場合でも、金利分は銀行の取り分で、経費として出て行ってしまいます。

つまり、図では黒く塗りつぶされた部分、元金返済と残金（キャッシュフロー）を合算した金額の中に本当の利益（所得）が隠れています。

キャッシュフローだけに注目すれば、20年返済・金利2％だと188万円なのに対し、30年返済・3％では290万円となり、30年返済のほうが100万円多いように見えます。

ところが、本当の所得（利益）の在り処である元金返済＋キャッシュフローに注目すると、20年返済では600万円なのに対して30年返済では500万円になり、20年返済のほうが100万円多くなります。

キャッシュフロー＝所得と考えていた場合とは反対の結果が見えてきました。

この結果を見れば、キャッシュフロー優先で本当にいいのかという疑問が出てくるのではないでしょうか。

●投資拡大を考えるなら、手元にキャッシュを残すことも大事

とは言っても、手元にキャッシュを残しておきたい、と思う人はやはり多いかもしれません。特に、複数の不動産を買い進めたいと思っている人にとって、手元にキャッシュを残すことは大事です。

実際のところ、私自身もキャッシュフローを貯めては次の投資に投入してきましたので、その方法を否定はしません。ただし私の場合、当初から借入金は購入金額の80％前後としてきま

した。

フルローンでの投資をもてはやす人も多いなか、私がなぜ購入金額の20％は自己資金を使うのか、その理由をお話ししましょう。

たとえば、利回りがあまり大きくないために、フルローンで購入するとキャッシュフローが少なくなってしまう物件があるとします。そうした物件のなかにも、長期保有ができれば最終的な投資の利益はよくなると予測されるものがあります。

このような物件に投資する場合、問題は資金繰りですので、一定の自己資金を投入することによってその不安をあらかじめ解消しておくことが安定経営のために必要です。

「自己資金を使ってしまうと次の投資ができなくなるから望ましくない」と主張する方もいます。ですが、一定の自己資金を使い、返済に対して堅実な姿勢で取り組むことで、金融機関から信頼を得ることが可能になります。そうした姿勢を評価した金融機関が、逆に次の投資に協力してくれることもあるのです。

●借入残高と投資リスクについて

では、物件を買い増していくときに、残債の割合と投資リスクをどう考えればいいのでしょうか。

たとえば、借入金は購入金額の80％とし、元利均等・金利2％・20年返済にすると、2年後には購入金額に対しての残債は73％となります。同様の条件でフルローンの場合だと、2年後の残債は購入金額の92％となります。5000万円の物件であれば2年後の残債が3650万円に対して4600万円ですから、その残債の差は歴然です。

その2年後にまったく同条件の物件を20％の自己資金で購入し、その後2年経過（最初の投資から4年経過）すれば、最初の物件の元金残債は66％となり、2年経過した物件との平均でも70％以下となります。

さらに2年後、同条件で物件を増やし、また2年経過（最初の投資から6年経過）するとどうなるでしょう。1棟目の残債は59％、2棟目は66％、3棟目が73％、平均すると66％です。

すべてフルローンで購入した場合は、6年経っても1棟目は74％、2棟目は83％、3棟目が92％、平均すると83％が残債です。

20％の自己資金を使い3つの物件を2年ごとに連続して購入した場合、6年経過後の残債は66％×3棟＝198％≒200％となります。これはどういう数字かというと、2棟分の借入金は残っているが、1棟分はキャッシュで買ったのとほぼ同じ状況になったということです。

一方、フルローンで同じように投資を進めていくと、6年経過後の残債はまだ249％、つまり2・5棟分の借入金が残っています。私が保守的なのかもしれませんが、これでは借入残高が多く、先が見通せないように感じます。

期間の経過とともに残債は減っていきますが、その減り方は当初の自己資金と返済年数で大きく変わってくることがわかってもらえたでしょうか。

返済年数を長くした場合、残債の減り方は遅くなりますが、キャッシュフローは増えます。割高な金利を目立たなくするために返済期間が延ばされているケースを除けば、こうしたやり方も重要な選択肢のひとつです。

もちろん、どの場合でも、キャッシュフローはあくまで事業の運転資金の一部であると意識しておくことが大切です。

●不動産投資成功への第二の鍵――本当の損益と税務上の損益の違いの気づき

「第一の鍵」では、不動産投資のお金の流れと本当の利益（所得）はどこにあるのかをお話ししました。しかし、利益（所得）には必ず税金がかかりますから、本当の利益（所得）は税引き後で計算しなければなりません。

税金というテーマはとても重要でさまざまな本で取り上げられていますので、詳細については他の資料で研究していただければいいでしょう。ここでは、ちょっと違った視点からお話ししたいと思います。

「キャッシュフロー＝利益（所得）ではない」と先ほどからずっと言い続けていますが、税金の計算をするときにも「キャッシュフローは利益ではない」ことをはっきり意識させられます。

このことは、税務署に提出する青色申告決算書（不動産所得用）の損益計算書を見れば理解しやすいでしょう（図⑦）。

収入は、賃貸料をはじめ、その他収入の合計になります。

必要経費では、誰かに給与を払った分（給料賃金）、家賃が回収できなかった分（貸倒金）、不足している駐車場を他で借りるなどの費用（地代家賃）、金利を支払った分（借入金利子）などが代表的なものです。

その他経費としては、固定資産税（租税公課）や火災保険（損害保険料）、修繕費などもありますね。そうしたものとは性質が違う経費としては減価償却費がありますが、これについてはまたあとで説明します。

収入から経費を引けば利益（所得）が算出できるのですが、最後に専従者控除の欄がありま す。該当者がいて要件を満たせば、この欄が使えて課税対象金額を減らすことができますので、詳しく知りたい方はネットで検索してみればいいでしょう。

さて、税について私が注目するポイントは3つです。

●借入金利子は経費だが、元金返済分は所得となる

経費の欄で返済に関係する項目は借入金利子だけです。もう一度念のために言いますが、借入金の返済総額が経費となるわけではありません。

借入金の返済は元金返済と金利（利子）支払に分かれますが、経費となるのは利子分のみで、

図⑦　青色申告決算書（不動産所有用）の損益計算書

平成　年　月　日

損益計算書（自□□月□□日至□□月□□日）

提出用　（平成二十五年分以降用）

科目			金額（円）	科目			金額（円）
収入金額	賃貸料	①		必要経費		⑬	
	礼金・権利金 更新料	②				⑭	
		③				⑮	
	計	④				⑯	
必要経費	租税公課	⑤			その他の経費	⑰	
	損害保険料	⑥			計	⑱	
	修繕費	⑦		差引金額（④－⑱）		⑲	
	減価償却費	⑧		専従者給与		⑳	
	借入金利子	⑨		青色申告特別控除前の所得金額（⑲－⑳）		㉑	
	地代家賃	⑩		青色申告特別控除額（65万円又は10万円と㉑のいずれか少ない方の金額）		㉒	
	給料賃金	⑪		所得金額（㉑－㉒）		㉓	
		⑫		土地等を取得するために要した負債の利子の額			

元金返済の部分は経費ではありません。賃借料としてもらった収入を元金の返済にまわしているのですから、その分も「収入」になります。

「ふーん。なるほど、経費にならないのか」と知識として得られましたね。でも、賃貸経営の事業者としては、得られた知識から、さらに次のことに気づかなければなりません。

「元金を返済しているのに経費にならないということは、実際にはお金が入ってこないのに税金を取られるということだ。そうすると、税金を払うためには他からお金を持ってこなければならない。これは大変なことになったぞ」

本当は収入があって、それを元金支払いに回しているのですが、お金の動きだけに注目すると、「お金が入らないのに税金を取られてしまう」という状態が発生することになるのです。

極端な話ですが、家賃収入が金利支払、元金返済、その他経費の支払ですべて消えてしまい手元に現金が残らなかった場合でも、元金返済分は所得となりますから、それに相当する税は支払わなければなりません。

つまり、税金分は持ち出しということになってしまい、実際にこれで資金繰りにつまずく大家さんも出てくるのです。

●元金返済分にかかる税金をどうやりくりするか

この元金返済分にかかる税負担については、それが経費として認められない以上、直接効果のある税金対策はありませんが、これを間接的に緩和させる経費があります。

それが「減価償却費」です。

減価償却費は、建物やその付属設備、また償却対象になる資産について計上できるものですが、支払った年度にすべて経費として損金計上せずに、定められた償却年数で少しずつ計上しなければならないことが決まっています。

項目ごとに決まりに従って、実際に購入した年度に支払った分を長年かけて経費として計上していくため、翌年以降はその年度に実際に支払っていなくても減価償却費として計上できることになります。でも、元を正せば購入時に実際に支払っているのですから、何もありがたがる必要はありません。

そこで資金繰りのテクニックとして、実際に支払いが発生した年度以降で費用計上できる減価償却費の額と元金返済額を近づけておくといいというアドバイスがされることがあります。

こうすることで、実際のお金の動きと税務申告上の動きが近くなり、手元にお金がないのに税金だけ払わなければならないという事態を避けることができるからです。

手持ちの現金がタイトな場合は、納税資金を見越して元金返済額を減らすために返済期間を調整するのも有効な方法のひとつでしょう。

図⑧はそのような調整をした例になります。図⑧の1は、元金返済の額が大きいために税金

図⑧　元金返済分にかかる税金をどうやりくりするか

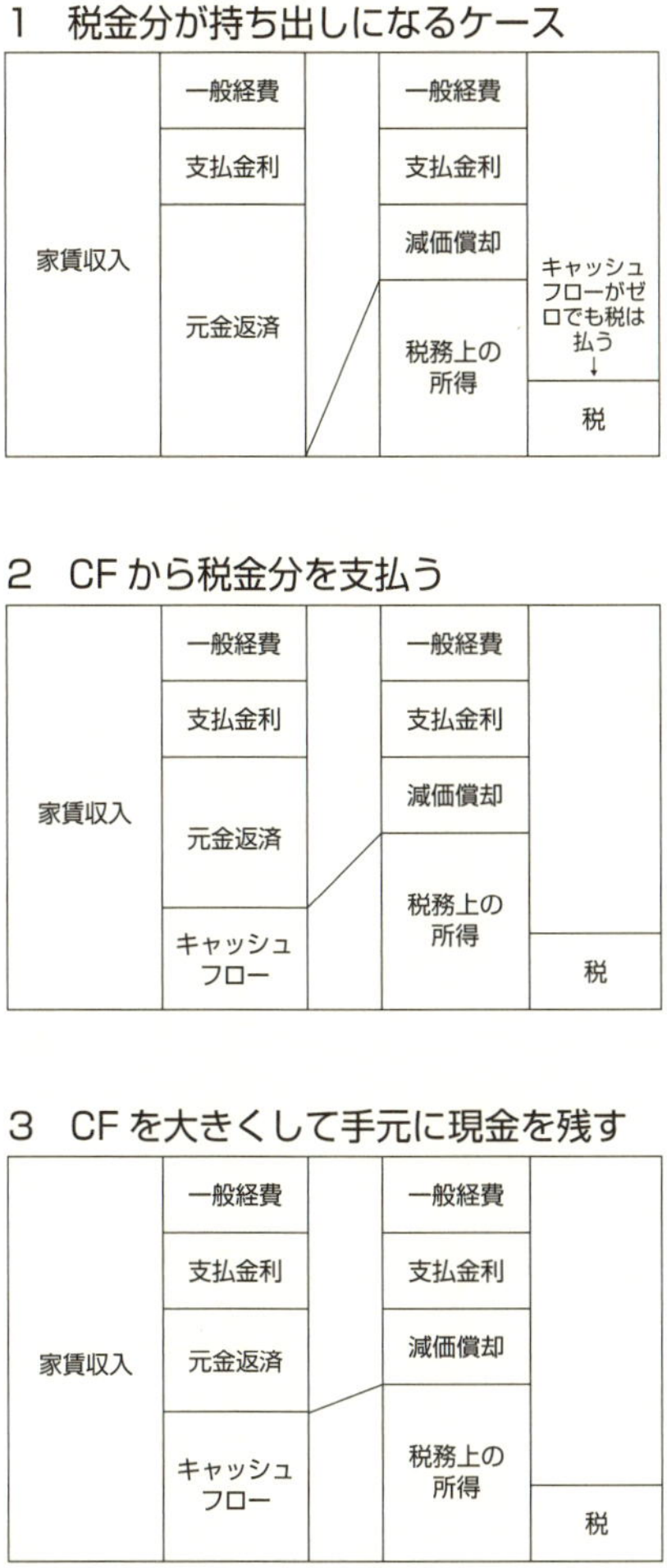

分が持ち出しになってしまう場合を表しています。こうした場合の対策としては、返済期間を長くするなどしてキャッシュフローを増やします。

図⑧の2は元金返済額と減価償却費に大きな差があるケース、図⑧の3はその差を小さくできた場合です。2ではキャッシュフローの大半を税金として支払うことになりますが、3では一定のキャッシュが残ります。

このように、返済期間を調整することが必要な場合もあります。ただし、これはあくまで資金繰りの手法として捉えてください。

●中古物件と減価償却費

減価償却費は、対象となる償却資産（建物）を購入することによって発生します。

減価償却できるのは、新築物件であれば土地と建物のうちの建物の金額、中古物件であれば購入総額のうちの建物に相当する金額です。

重要なポイントは、土地は減価償却できないということです。そのため、購入時に土地と建物をどんな形で買ったのかが問題となります。

新築物件の場合は一般的に土地と建物が明示されていますが、中古で総額表示の（土地、建物金額が合算金額となっている）場合はどうなるでしょう。

その按分は計算方法によって差が出てきます。もちろん建物の評価が高いほうが減価償却費

図⑨　売却することで含み益が実際のお金になる

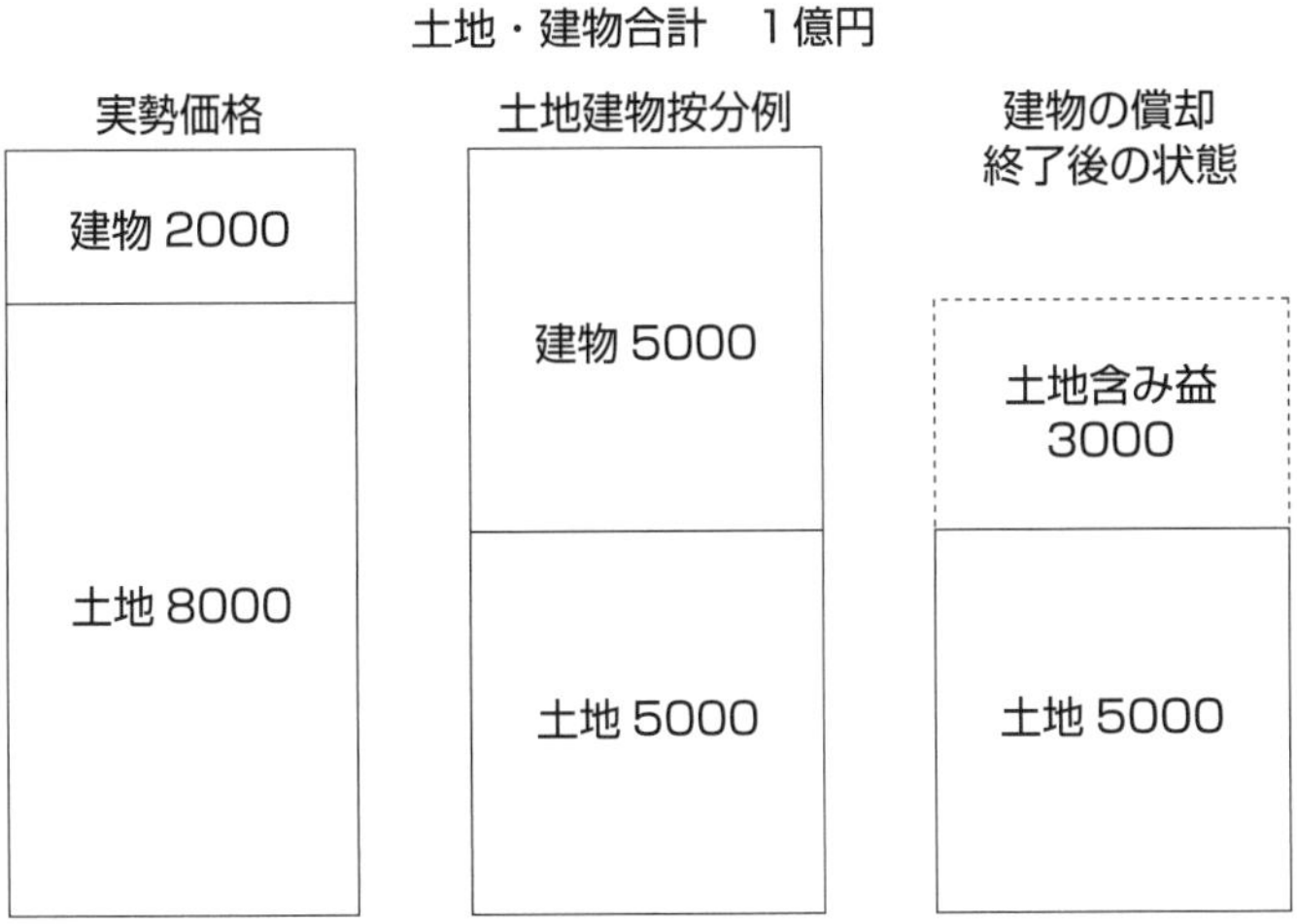

は大きくとれることになりますので、この按分はその後の税務申告の際に大きく影響します。もし、中古物件で建物の評価を割高にすることができ、順調に償却していった場合は、非常に興味深い資産保有状態になるでしょう。

図⑨を見てください。

たとえば、土地と建物で1億円の物件があり、土地の評価（市場価格）が8000万円とします。

購入時点での土地と建物の按分を5000万円ずつとし、建物がすべて償却するまで所有していると、帳簿上は土地が5000万円、建物はゼロとなります。

しかし、その時点で土地の更地評価が変わっていないとすれば、市場価格8000万円－土地の帳簿価格5000万円＝3000万円となり、3000万円の含み益を持っていることになりますね。もちろん売却すればその売却益には課税されますが、含み益として持っている間は課税されません。

実際に売却した場合は、帳簿価格5000万円の物件が8000万円で売却できますから、この売却益には税金がかかるとしても税引き後に手元に現金が残ります。その結果、売却する前には帳簿上は見えていなかった含み益が実際のお金として現れてきます。

また、売却しなくても、帳簿上の土地価格と実勢価格との差を金融機関が理解してくれれば、含み益分を考慮して賃貸事業全体の評価が良くなる可能性もあります。

このように、技術論だけでなく、その結果得られる状態をどう活用していくのか、その明確なイメージを持つことが、不動産投資におけるステップアップの鍵なのです。

●税務上の利益と実際の利益の関係

税計算の基本は、特例的な控除を除けば「所得（収入－経費）×適用税率＝所得税」となります。

税計算では収入から経費を引いたものが所得となりますが、不動産投資の場合もこれを利益（所得）と考えていいのでしょうか。

図⑩を見ながら、前項でお話ししたことを思い出してください。

経費として一般経費、支払金利、減価償却を図示してありますが、このうち、一般経費と支払金利は、費用が発生して実際に支払われたもの、つまりお金の動きが伴うものです。

それに対して減価償却は支払われた時期と費用として計上された時期に差があるもの、つまりお金の動きが伴わない経費です。

しかし、ここで減価償却費として計上されているということは、同時に、不動産投資では建物という資産が1年間で減価償却分だけ価値が下がったことを表しています。

この図⑩を、第2章で示した「本当の利益はここに隠れている」の図と並べてみましょう。この2つの図⑩⑪を重ねあわせることで、税務上の利益が、第2章でお話しした「本当の利益が隠れている場所」のなかにあることが理解できると思います。

2つを合成したのが図⑫です。

この図の中で、「本当の利益の在り処」、つまり楕円で囲ってある「元金返済額＋キャッシュフロー」から、減価償却分を差し引いたものが税務上の利益となるのです。

もう一度整理してみましょう。

本当の利益の在り処　　元金返済とキャッシュフローの合計

税務上の利益（所得）　元金返済とキャッシュフローの合計から減価償却を差し引いたもの

税務上の利益は本当の利益の在り処から、減価償却、端的に言えば建物が劣化した分を差し引いたものとなりますから、非常に理屈が通っているように思えてきますね。

私も、この減価償却費が正確に建物の劣化を数値化しているもので、他の数値が動かないのであればこれが正解だと思います。

しかし、先ほどお話ししたように、この減価償却の根拠となる建物価格は、評価方法によって幅があります。

減価償却は、ある評価方法によって算出された建物価格を元に、その建物があと何年使えるかを税法上の規定に照らし合わせてその年数で割って計算されますが、実際の耐用年数を表しているわけではありません（さらにその計算方法も定額法、定率法があり、値が違ってきます）。たとえば築25年の木造アパートを購入すると、規定により償却年数は4年ですが、仮にその評価が正しいものだったとしても、修繕などの手入れが良い物件であれば、まだその先5年10年と使えるかもしれません。

ですので、この減価償却は税金計算のための参考数字であり、それによって計算された利益（所得）も参考程度の値ということになります。

●時間軸を進めてみると見えてくるもの

税務上の利益の値は参考程度でしかありませんが、考え方自体は筋が通っているものです。その計算の基礎となっているのは、次のような考え方です。

図⑩　税務上の所得=実際の利益?

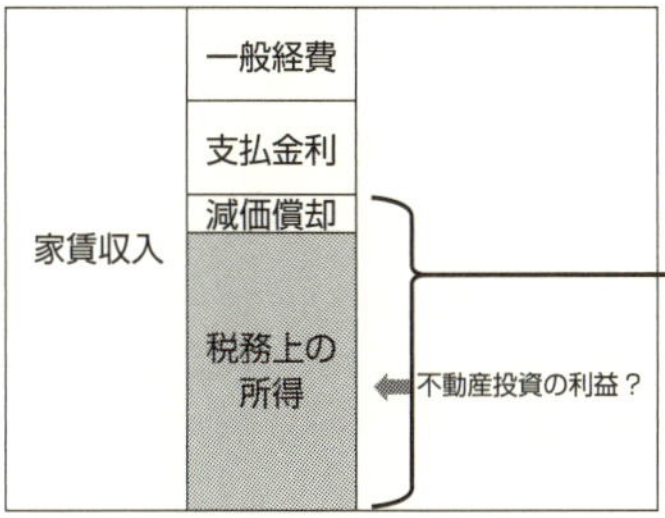

図⑪　本当の利益の在り処

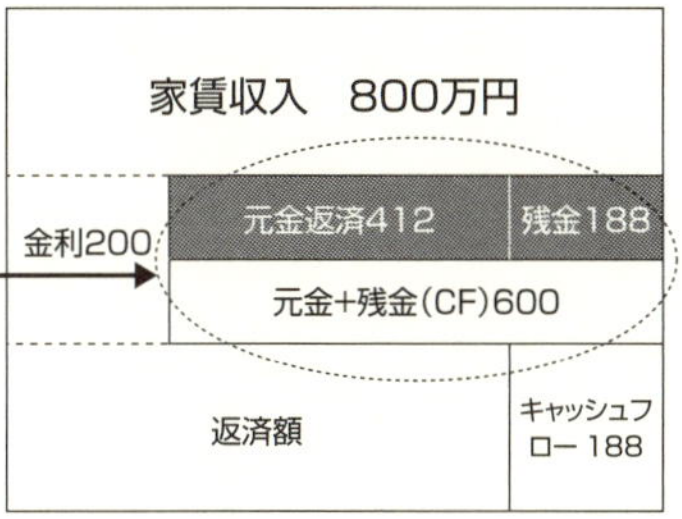

図⑫　税計算を合成した図　20年返済・金利2%

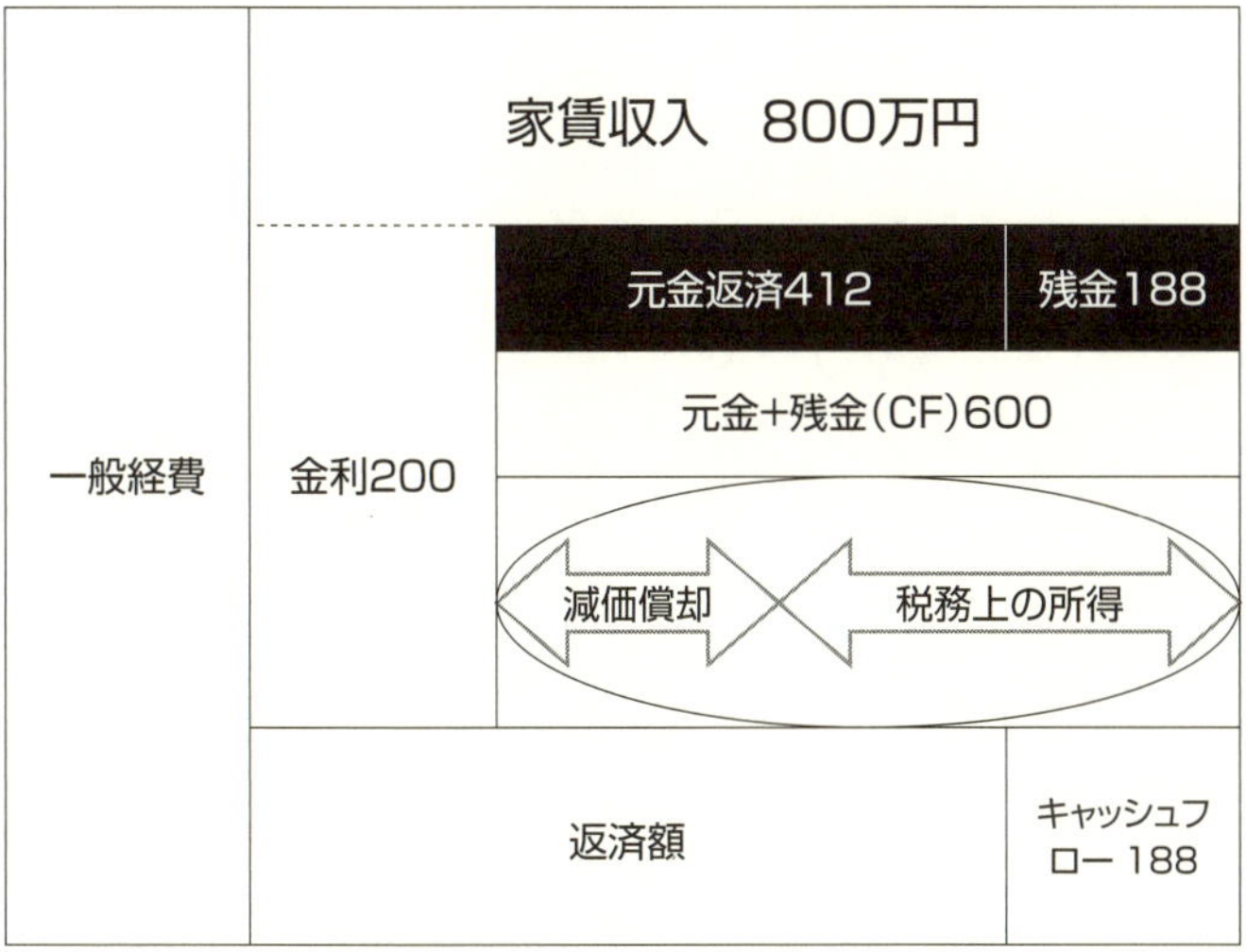

土地……購入価格のまま、不変
建物……毎年、減価償却分が劣化していく → 毎年価値が下がっていく

また、税務申告は毎年、つまり単年度ごとに行いますので、時間を進めてみることにします。毎年税務申告し、5年が経過したと想像してください。ここでは、計算を単純化するため、家賃、一般経費、支払金利、減価償却の計上額も同じだと仮定して計算します。

手元には5年分の申告書、5枚があります（図⑬）。これを整理してみましょう。税務上の所得が5年分、減価償却も5年分です。

1年分の減価償却が200万円とすると、5年分で1000万円ですね。つまり、この物件の全体としての価値が1000万円下がったということになります。

これを、本当の利益の在り処と税務上の利益に合わせてみましょう（図⑭）。

購入したときの見込みの利回りはネットで8%です。

購入から1年後、収益も経費も予想どおりだったとして、税務申告を反映すると下段のようになります。減価償却費が200万円ですからこの分を引いて、物件の価格は9800万円となります。

これを繰り返していくと、5年経過後、減価償却費は合計1000万円になります。

図⑬　５年分の確定申告書をまとめてみると

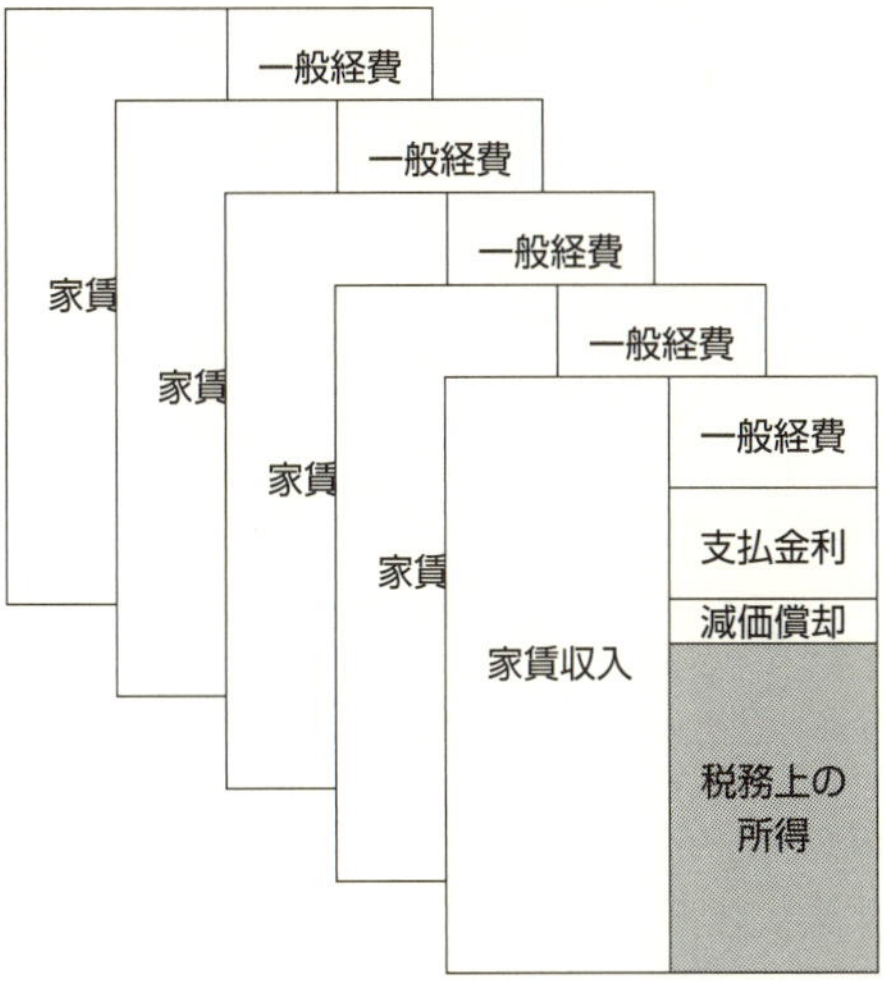

税務上の利益は減価償却を差し引いています。そのため5年経過時点での利益は600万円×5年間＝3000万円になります。

減価償却の200万円×5年間＝1000万円は、実際にそのお金が出ていったということではありませんね。建物という固定資産の価値減として物件の価格下落が1000万円発生し、この時点での物件の価格は9000万円になったということです。

一方、減価償却を引かない場合、所得は800万円を計上していますので、5年間の利益は800万円×5年間＝4000万円と計算されます。

しかし、この物件の市場価格が減価償却による建物の減価が加味されて実際に9000万円になっていたとしたら、1000万円分の価格下落はマイナスしなければなりません。

つまり、5年間の利益は800万円×5年間－価格下落1000万円＝3000万円となります。

もし市場価格が9000万円であったら、税法上の利益計算と実態が合致したということになります。

●なぜ「不動産投資の利回りは利回りではない」のか

ここで銀行員Nさんと購入希望者Bさんとの会話を思い出してみましょう。

銀行員Nさんはこう言いました。

「不動産投資で表示される利回りはそもそも利回りではないでしょう」

この言葉は謎の言葉に思えましたが、その意味がどうやら少しわかってきたようです。

不動産投資で話される利回りは、年間家賃収入を物件価格で割ったものです。表面で計算するのか、それとも諸費用を差し引いてネットで計算するのかの差はありますが、家賃収入を物件価格で割ることに変わりはありません。

しかし、この計算には減価償却の要素、つまり経年による物件価格の変動は含まれていません。

では、この物件価格の変動を考慮した利回りと、一般に不動産投資で表示される利回りを比較してみることにしましょう。

図⑭　減価償却分と同じだけ物件の価値が減っていく

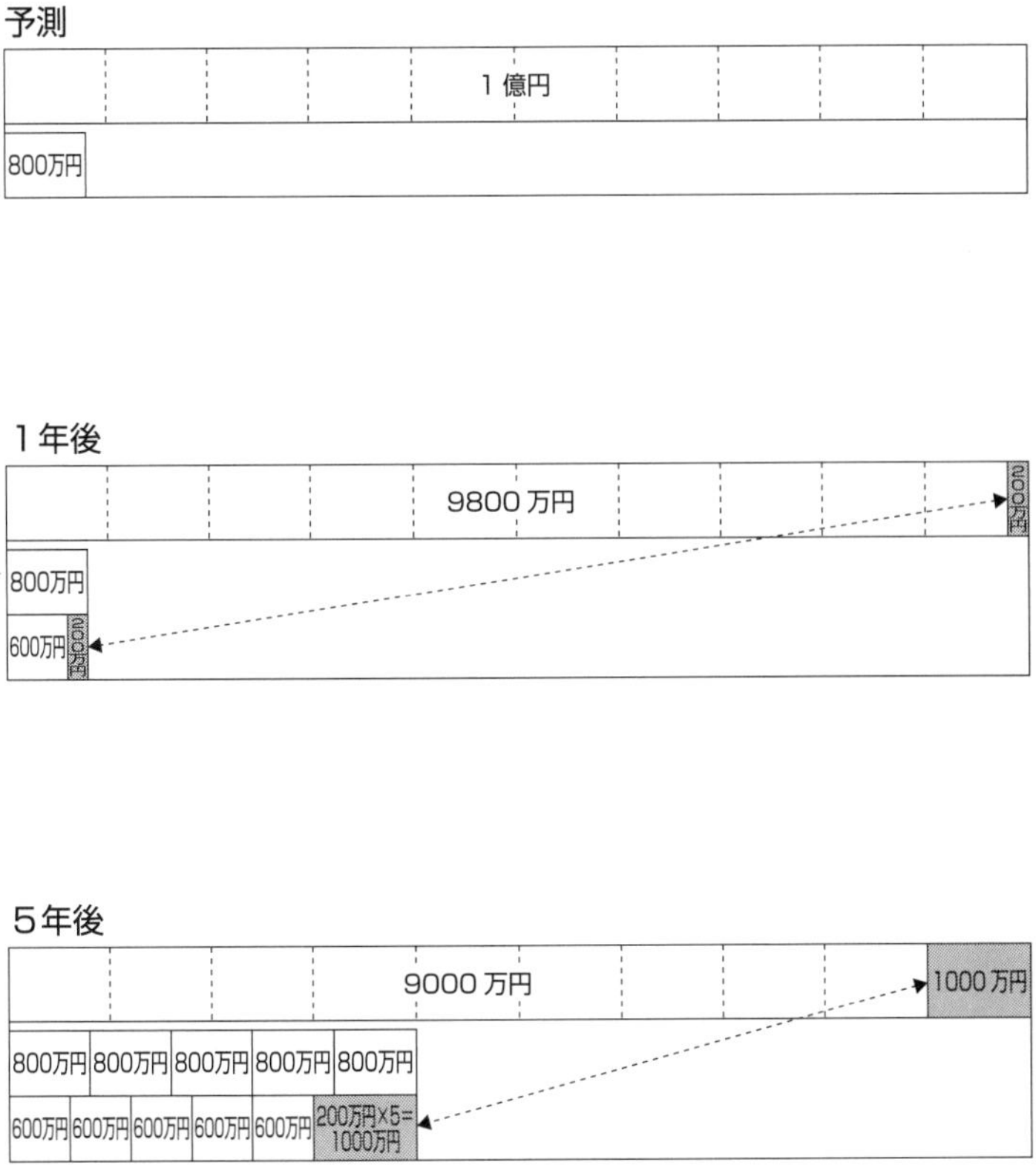

不動産投資で表示される利回りは、次のように計算します。

800万円÷1億円＝8％

一方、物件価格の変動を反映した5年間の利回りを計算してみると、

［800万円×5年＋価格変動（－1000万円）］÷1億円÷5年＝6％

となります。

つまり、物件価格が将来もずっと変わらないのであれば、一般的に謳われる不動産投資の利回りは正しくなりますが、将来の不動産価格は当然のことながら変動し、それを正確に予測することは不可能です。

ですから**「不動産投資で表示される利回りはそもそも利回りではない」**のです。

ちなみに、複数年度における正確な利回り計算は割引現在価値等を加味する必要がありますが、本書は投資イメージをつかむことを目的としていますので単純計算しています。他に数値計算の部分も出てきますが、同様の解釈でお願いします。

私見ですが、不動産投資のシミュレーションにおいて、家賃設定、入居率などのパラメーターの設定幅は非常に大きいので、そのあとの計算方法を厳密にすることは無意味だと思います。地盤調査に正確性を欠いた土地に構造計算を完璧にした建物を建てたとしても、調査数値が違っていたら倒れるときは倒れます。あるいは、頭が良く数式に強い人たちが運営していたREIT（リート、不動産投資信託）が破綻したことから学ぶべきです。

むしろ、まず最初に自分なりの大づかみなイメージを持つことが大事です。

また、ここでは利回りとして比較しましたが、利益を物差しとすれば、「5年間で3000万の利益を得た」ということになります。この利益を投資金額で割り、さらに経過年数で割ったものが利回りですので、利益総額でイメージするか、利回りでイメージしたほうがわかりやすいのかは個々にご判断ください。本書ではどちらがわかりやすいかを考えて選択しています。

●不動産投資の利益（利回り）のイメージを持つ

さて、不動産投資の利益（利回り）は、投資したあとの保有年数と、その時点での物件価格によって変わってきます。

そうすると、将来の物件価格が確定しなければ利回りも確定しないということになりますね。

先ほどの例では税計算の減価償却の値を物件の価格下落に当てはめて計算しましたが、もちろん、その計算結果が将来の価格を表しているわけではありません。

減価償却費は建物の評価によって変わってきますし、仮にその値が実際の建物の減価分を正確に表していたとしても、それがそのまま物件価格に反映されるということはありえません。

不動産価格は基本的に不動産市場の需給バランスによって形成されていますが、個々の取引は相対取引の傾向が強いため、その価格が市場の平均からかけ離れる場合も出てきます。状況によっては、市場価格より安価に購入することができ、さらに数年後に市場より高い価格で売却できるケースもあるでしょう。

先ほどの利回り計算では、購入時に1億円だった物件が5年後に9000万円になり、当初言われていた利回り8%は実際には6%になりました。では、購入時に9000万円だった物件が、もしも5年後に1億1000万円になった場合は何%になるでしょうか。

9000万円で購入し、5年後に1億1000円で売却した場合
［800万円×5年＋価格変動（＋2000万円）］÷9000万円÷5年＝13・3%

これはとても良い投資をしたということになりますね。もちろん、相対取引だからといって、投資する側にとってすべて良い方向になるわけではありません。

あるいは逆に、市場価格が1億円のものを1億1000万円で購入し、5年後に9000万円で売却する場合はどうなるでしょう。

1億1000万円で購入し5年後に9000万円で売却した場合

［800万円×5年＋価格変動（－2000万円）］÷1億1000万円÷5年＝3・6％

うーん、利回りは3・6％とかなり下がってしまいました。

このように、利回り（利益）は物件の流通価格によって大きく変動してしまいます。「不動産投資で表示される利回りはそもそも利回りではない」という言葉の意味を、感覚としてつかんでもらえたでしょうか。

相対取引の特性を利用して、市場より安く物件を入手することができれば確かに不動産投資は非常に効率の良い投資となりますが、逆の場合もあることを理解しておきましょう。

仲介会社のベテラン社員の言葉を思い出してください。

「買うのが目的じゃないでしょ。買うことによって利益を得ることが目的でしょう」

●不動産の流通価格と投資の精度

このように、不動産投資で一般的に言われている利回りは「利回りではない」のです。流通価格を考慮しなければ、本当の利益、本当の利回りはわかりません。

しかし、ここで新たな問題が浮上してきます。

「不動産投資の利回り、利益を知るためには将来の価格を知ることが必要なのはわかったけれど、将来の価格は誰にもわからないでしょう、だったら実際には何もわからないのと一緒ではないですか」

確かにその通りですね。でも、それは不動産に限らず、すべての投資行為に共通することでもあります。投資には必ず不確定な部分があります。

それに、将来の価格がわからないからといって、何に投資しても同じ、ということではありません。

わかっていることをふまえて、論理的に考え将来予測を立て、さまざまな投資機会から自分で考えたある一定の条件を満たしたものに投資をすれば、100％の確率ではないけれども予測したリターンに近いものを得られる可能性は高くなります。特に不動産投資は他の投資と比べて、将来予測がとても立てやすい投資ではないかと私は考え、ここまで投資を続けています。

それでは、どうやって将来予測を立て、その精度を上げていけばいいのでしょうか。

不動産投資の利益、利回りは、次の4つの要素によって確定します。

物件の収入（家賃）

一般経費
支払金利
将来の物件価格（流通価格）

このうち、家賃、一般経費、支払金利は、現在の状況から比較的高い精度で計算することができます。金利は不確定要素が高いですが、固定金利を使えば変動を抑えることができます。

ですから、将来の物件価格（流通価格）の予測精度を高めれば投資精度は高くなると考えて、次章からは、精度の高い不動産の流通価格モデルを作ることでそれを追求していきたいと思います。

第3章　流通価格のイメージトレーニング

不動産投資は、キャッシュフローに注目しているだけでは成否はわかりません。あなたが手掛ける不動産投資が成功かどうかは、出口、つまり売却まで行った段階でようやくはっきりするのです。そのことは、イメージとしてなんとなくつかんでいただけたでしょうか。

もしも物件価格が変動しなければ、不動産投資の利益と利回りは、正確な収入（家賃収入）と実態に見合った必要経費の把握だけで確定できますので、成功を収めることは非常にたやすいことでしょう。

ところが、実際には物件価格は変動し、その変動によって利益と利回りは変化します。そのため、巷に流布される「利回り○○％」といったフレーズを信じて投資するだけでは、成功は約束されません。

不動産投資での成功に一歩近づくためには、物件の流通価格が時間の経過とともに変動していくことを理解する必要があります。その変動要因を探し、時間の経過による流通価格の動きをイメージできるようになれば、不動産投資の出口も見えてきます。

そこで、本章では、流通価格変動のモデル化にチャレンジしてみたいと思います。

●流通価格はどのように形成されるのか

まず収益物件の価格形成の根拠を考えてみましょう。さまざまな要素が影響しますが、物件評価の基本要素は、

① 立地
② 建物構造
③ 用途

の3要素になります。

これらに加えて、外部要因としてマクロの経済環境の変化がありますが、そこまでの推測は困難です。そこで、不動産価格に影響を実際に及ぼすそのほかの社会、経済的要素を考えると、

・不動産投資への注目度（新規投資希望者の増減）
・物件の需給関係
・金融機関の不動産向け融資条件

が大きく影響すると思われます。

この3つの要因のうち、不動産投資への注目度については流動的な部分が大きく、価格変動のモデルに織り込むことは困難です。また、物件の需給関係は外部的な要因、たとえばリーマンショック直前に見られたように、不動産投資ファンドによる過剰な物件供給などによっても急激な変化が起こるため、立地による緩やかな変化以上の動きは要素として取り込むことはむずかしいかもしれません。

一方、不動産向けの融資条件については一定の傾向が見られます。そこでこれを第4の要素とします。

① 立地
② 建物構造
③ 用途
④ 融資の条件

では、この4要素の評価を縦軸に、年月の経過を横軸として流通価格の経年による変化の特徴を捉えることにしましょう。

●流通価格を決める基本要素①――立地

賃貸不動産といえば、立地が最大の評価項目であることについては、皆さんの意見が一致するところでしょう。その立地評価は何によって決まってくるかといえば、収益用途（賃貸需要）や個人使用（自宅用地）などによる需給バランスです。

ただし、この評価は現在の需給関係だけでなく、将来の需給予測の評価によっても形成されます。

たとえば現在、大学が近くにあり大学生向けの賃貸需要がある立地であっても、数年後にキャンパスが移転すると決まっているのであれば需要が減少します。ですが、既存物件の供給はそのままとなるため、需給関係が悪化して立地の評価は下がります。反対に新駅の予定が発表されたりすれば、その地域の将来の需要増を見越して高い評価になります。

しかし、需給の変化がはっきりと感じられるようなことは例外的であり、一般的には年単位でも目を凝らさなければわからないでしょう。

そのため、購入するときの土地価格はさまざまな指標で確認できますが、それはあくまで購入時点での適正な価格であり、そこには長期保有を前提とした将来価格の方向性が反映されていない可能性があります。

簡単に言えば、買った後の土地の値段がどうなるかはわからない、ということです。

図⑮　土地の価格は需要によってそれぞれ変化する

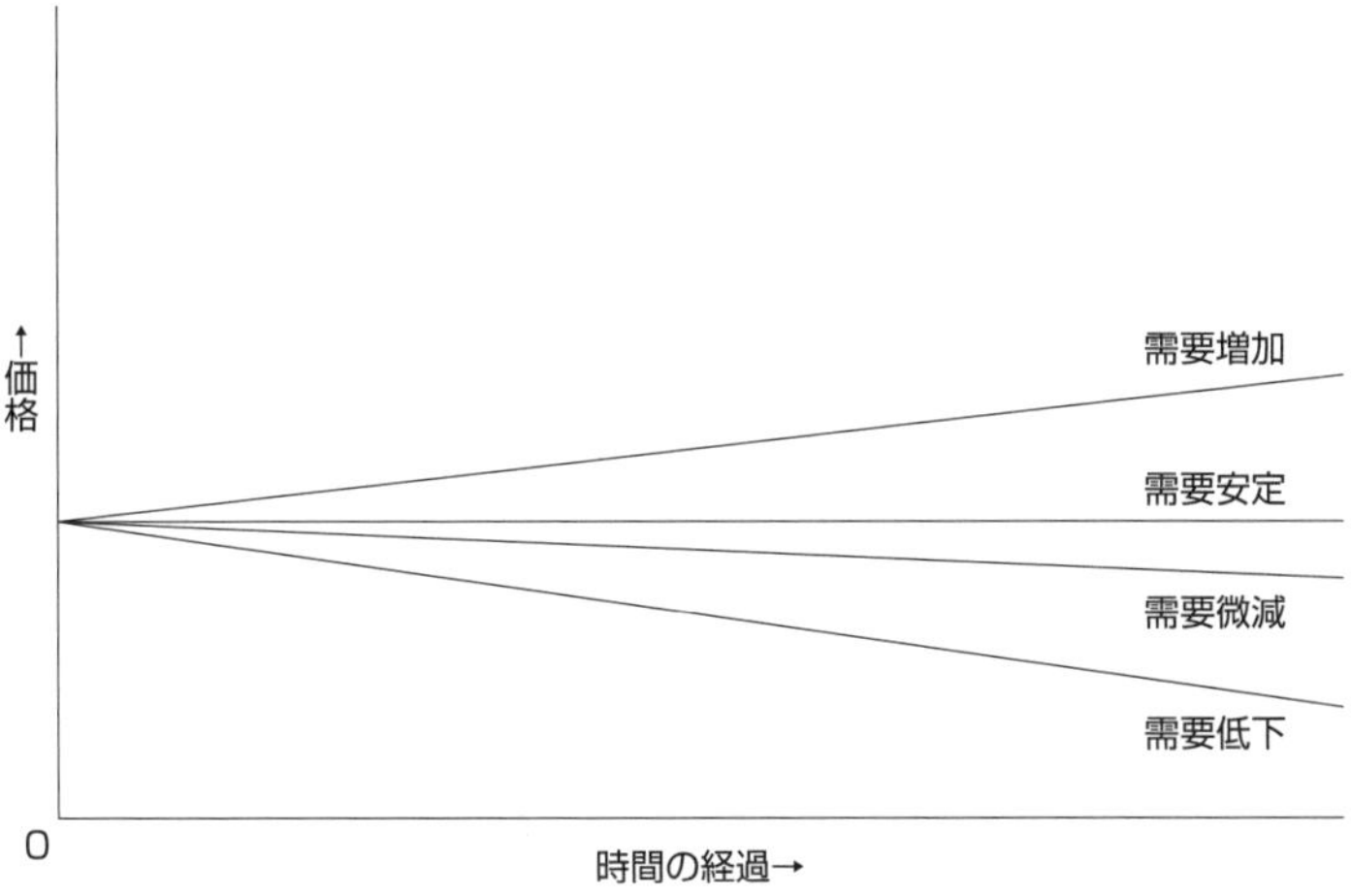

また、土地を所有している人の中には、利益を上げることを目的としない自宅用地としての需要も混在しています。そうした購買層は将来価格を考慮する必要がないため、将来の価格動向はさらに過小評価される可能性があるのです。

一方、不動産投資で成功するためには現在の価格だけでなく、「将来の価格」を考慮する必要があります。

たとえば、築古物件へ投資する場合を考えてみましょう。

第1章の投資家Aさんの例で見たように、建物はかなり古くて評価はほぼゼロだけれど、「土地値以下で購入できて高利回りが期待できる」物件があります。この場合、土地以下で購入できて、格安でリフォームをすれば入居者も見込め、高利回りがかなりの確率で期待できるとしたら儲かるようにも思えます。

しかし、その投資が成功するための前提として、「将来の土地価格が不動産から得られる利益の累積以上に下がらないこと」が必要です。

つまり、土地値以下の投資であっても、将来の土地価格推移によっては、儲かる投資とそうではない投資に分かれるのです。ですから「土地値以下で買える（買えた）！」といって安心せず、物件の土地価格がどのように推移していくのかを予測することが必要になるのです。

需給によって土地価格が形成されることを前提とすれば、購入した土地の価格は時間の経過とともにそれぞれ図⑮のように変化していくことになるでしょう。

●流通価格を決める基本要素②——建物の構造

建物の構造は大きく言って、次の4つに分かれます。

①鉄筋コンクリート（RC）、鉄骨鉄筋コンクリート（SRC）
②重量鉄骨造
③軽量鉄骨造（ハウスメーカーのアパートなど）
④木造

あまり細分化すると煩雑になり、イメージがつかみにくくなってしまうので、ここではRC

図⑯　建物の価格は耐用年数にむけて下落する

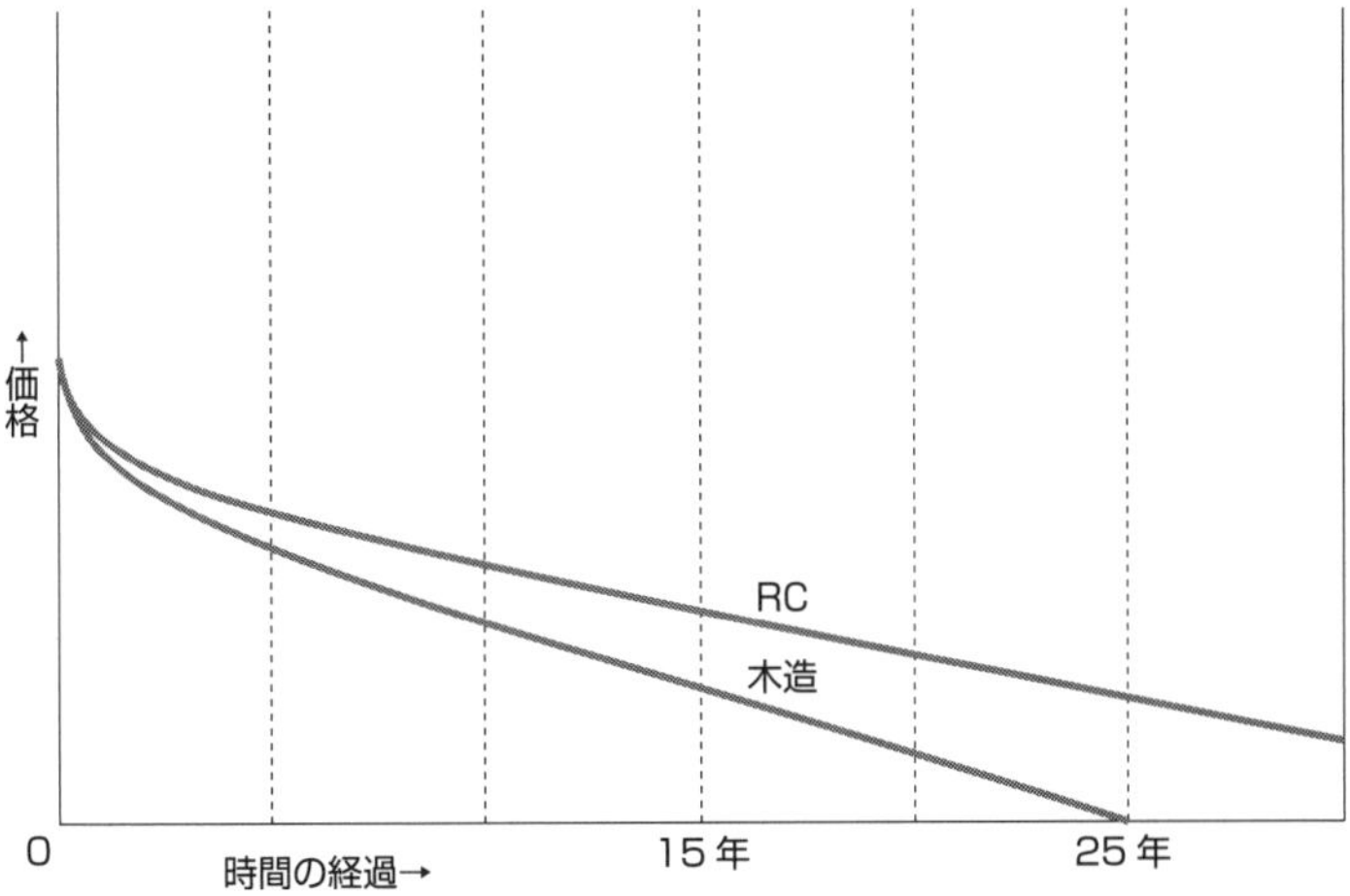

（ＳＲＣ含む）と木造を取り上げます。その他のものはこの２つの間にあると考えてください。

両者とも、新築時は建築費を１００％評価したものが価格となります。もともと建築坪単価に差がありますので、同じ規模であれば木造よりもＲＣが高くなるのは当然です。

しかし、ＲＣと木造では税法上の減価償却でも年数が異なるように（住居系だとＲＣは47年で、木造は22年）、耐用年数には差があります。そのため、耐用年数を考慮し、経年により建物の評価は違ってくることになります。

たとえば新築時、建設費５０００万円の木造とＲＣがあったとします。一度売れた不動産はその時点で中古となり価格が下がりますが、たとえば建売業者の収益物件であれば、当初の数年のうちに上乗せされた業者の売却利益分が急激に下落するものの、そのあとは建物の経年による価値下落にともなって、ゆるやかに価格が下がっていきます。

実際の耐用年数は個々の建物のグレードや保守管理状態によって異なりますが、木造で25年前後、RCで40~50年で建物の評価は無くなっていきます。

新築から25年経過した場合には、木造は建物の価値がほとんど評価されなくなり、RCであれば建築費の20~30%程度の評価が残っている状態かもしれません。

これをグラフにすると図⑯のようになるでしょう。

また、このグラフでは表現されていませんが、さらに年数が経ち耐用年数を明らかにオーバーした場合は、RC、木造ともに建物評価は無価値になってしまいます。

すると、今度は取り壊し費用分のマイナス評価の可能性が高くなります。この場合は、木造の取り壊し費用は比較的安価ですが、RCの場合は高額となりますので、その分RCのほうがマイナス評価が大きくなります。

●流通価格を決める基本要素③——建物の用途

物件の用途は住居系、オフィス、商業用(店舗)、倉庫・工場などの産業用など、多岐にわたります。私のところには投資話がいろいろ持ち込まれますが、これまで来た話でいちばん怪しそうなのは、「ショッピングセンター」全体をまるごと購入しないか、というものでした。

そんな話は論外として、個人としての投資対象となる不動産は住居用、オフィス用、商業用くらいになります。オフィス用、商業用については契約形態（たとえば賃借年数にペナルティー付きのしばりがあるかなど）によって評価は大きく異なりますし、商業用は立地最優先で築年数はあまり考慮されないケースも出てきますので、個別に精査することが必要となります。

本書では投資全体のイメージを理解することを目的としていますので、一般的な住居系を対象としてお話ししていきます。

●流通価格を決める基本要素④——融資の条件

不動産投資の資金は大半の方が融資を受けていますので、金融機関の融資条件が価格形成に大きく影響します。

担保評価が高く融資しやすい物件だと、買い手の自己資金や属性の条件が緩くなります。そのため、購入希望者が増え、結果として物件価格は上昇する傾向があります。一方、担保評価が低い物件は、自己資金の割合が高くなったり、融資が実行されるためには借り手の属性が高いことが条件となったりするため、割安な価格となるでしょう。

同じ築20年であってもRCは木造より耐用年数が長いため融資は容易となり、結果として木造より高く評価されるということです。これは建物の構造と経年による下落傾向と一致しますので、担保評価によって流通価格が大きく影響を受けることはありません。

それよりも、実際の融資現場と購入希望者との交渉の中で物件価格に一番大きな影響があるのは返済年数ではないでしょうか。

具体的に言えば、提示された融資総額は必要な額に達しているけれど、提示された返済年数が短いためにキャッシュフローが見込めない、あるいはマイナスになってしまうというケースが出てくるということです。

こうした場合、元金返済分を含めて投資全体を見れば利益があるという見込みが立ったとしても、キャッシュフローがマイナスとなるというだけで投資意欲が減退してしまう傾向があります。そのため、建物構造の経年での評価に加え、返済年数減によるマイナスを反映するほうが実態に近い形になると思われます。

融資の返済年数の上限は、建物構造によって変わってきますので、着目すべき年数がそれぞれ違います。

RCの場合　　築25年前後
木造の場合　築15年前後

RCの場合、築25年を超えた物件になってくると、やはり長期の借入はむずかしくなります。返済期間を延ばしたい場合には、大規模修繕の実績や建物の維持管理状態などについてコメントを加えて税法上の償却年数47年を超えるように個別の修正を加えたりします。しかしそれで

図⑰　融資がつかなくなると物件価格は下落する

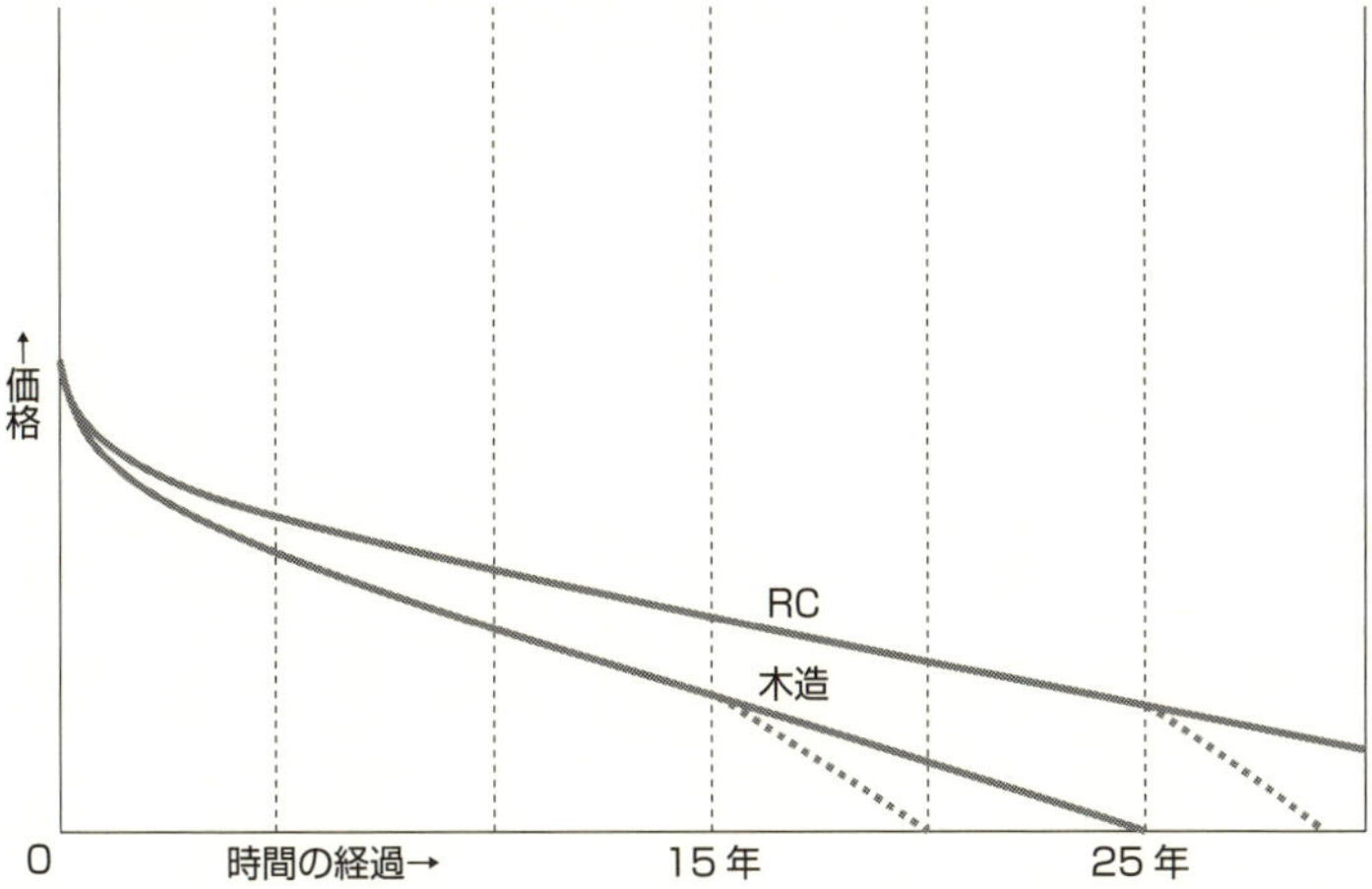

も、返済年数20年から25年程度の条件提示が多いようです。これが築30年になってくると20年返済が上限ではないでしょうか。

一方、木造の場合は築15年前後の物件で返済期間は15年から20年の提示、築20年を超えるものだと10～15年返済の提示が一般的となります。

このように借入金の返済期間が短縮しキャッシュフローが悪化することによって、購入希望者が減り、物件価格も下落すると考えられるので、そのことを図⑰に点線によって表現してみました。

キャッシュフローと利益は別なのですが、混同している人が多いのが実情です。また、そのことを正しく理解していたとしても、毎月キャッシュフローがマイナスのまま、つまり持ち出しをしてまで投資しようとする人や実際にそれができる人は少ないでしょう。そのため、木造では築15年、RCでは築25年を境に、価格のカーブの下落の角度がきつくなると考えられます。

●土地の価格変動と建物の価格変動を合成すると

これで、立地に基づく土地価格の変化パターンと建物の変化パターンができました。不動産価格は基本的には土地と建物の総和ですので、この2つの図を合成すれば不動産の流通価格モデルが完成します（図⑱）。

土地価格は土地の供給量が固定していると仮定し、立地については需要増加、需要安定、需要低下の3パターンを想定しました。その3パターンに、それぞれRCと木造のラインを加えてみます。曲線であらわされているのは、土地と建物の合計額です。

これで流通価格のモデルができました。では、個々のグラフの意味を読み解いてみましょう。

＊注意：価格変動のイメージをつかんでもらうために、グラフの勾配は強調しています。また、これは不動産価格の変動のイメージをつかむために作成したグラフであり、実際の不動産価格動向と一致するものではありませんので、その点は十分ご注意ください。

・需要増加の立地における物件価格の変化グラフ

需要増加の立地では、建物価格の勾配に対して土地価格が上向きとなり、結果として建物と土地を合わせた価格ラインの勾配は緩やかになっています。そのため、物件価格の下落は非常に緩やかになると考えられます。

土地価格の上昇率によっては、物件価格が下落せずに上昇することも考えられるでしょう。

また、ここでは新築時の建物と土地の価格構成を土地4：建物6としていますが、土地の比率が高くなれば、下落率はさらに低くなります。

先ほど説明しましたように、本図は住居系を基本としており、店舗系の場合の流通価格はまた別に考える必要があります。ごく大雑把に言うと、住居系の建物は築年数により確実に評価

図⑱　土地の価格変動別の不動産流通価格モデル

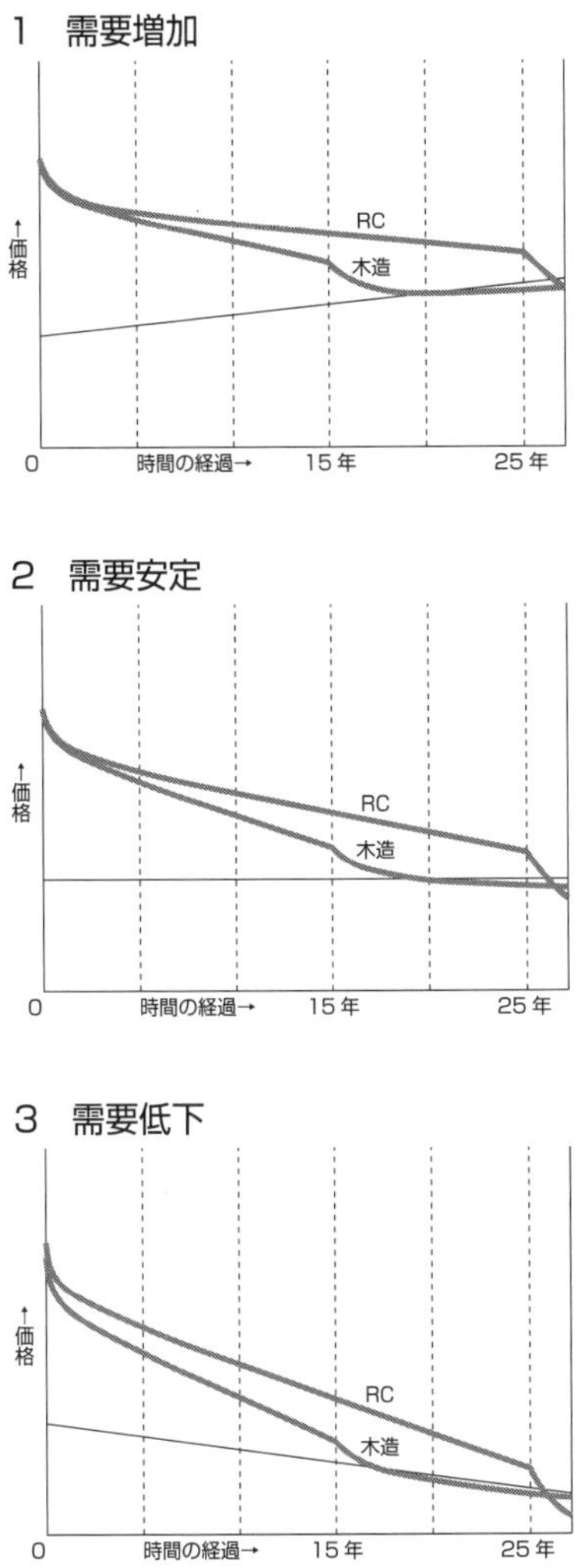

が下がっていくのに対し、店舗系の場合は立地が最優先となり、内装はスケルトンからスタートするため、築年数による減価は一層小さくなります。

・需要安定の立地における物件価格の変化グラフ

需要安定の立地では、地価は上がりも下がりもしないため、建物の減価がそのまま価格に反映されています。土地価格のラインを下回っている部分は、土地としての評価から建物の取り壊し費用を差し引いていることを表します。この場合、木造よりRCの方が解体費用は高額となるため、下回っている部分の幅も大きくなります。

・需要低下の立地における物件価格の変化グラフ

建物の減価に加え土地も減価するため、下落の勾配がさらにきつくなっています。この図では表していませんが、日本全体の総需要が低減していく中で、土地価格がゼロになることも想定しておく必要があるでしょう。

日本の人口動向を踏まえると、拡散型の生活圏から、集約型（コンパクトシティ）への移行は免れないでしょう。その流れの中で、現在も問題となっている限界集落が広範囲に広がり、「限界市町村」が出現するかもしれません。

第４章　利益と利回りのイメージトレーニング

第3章で作った流通価格のモデルは、投資した不動産物件の価格が今後、長期にわたってどのように変化していくのかをイメージするためのものです。

ただし、この流通価格モデルは流通価格の変動の傾向を表すものであり、将来の価格を言い当てるものではありませんので、その点はくれぐれもご注意ください。

すでに第1章で見たように不動産は相対取引ですから、理屈通りに価格が決まるわけではありません。ここでいくら精緻な計算をして解を出しても、目安以上のものにはならないでしょう。

私自身、実際の投資にあたっては「5年後」「10年後」の物件価格の予想と、そこで得られる利益を計算しますが、それが正確なものになることはあまり期待していません。

それよりも、「この立地でこの建物だと、相場としては大体このくらいまで価格が下がる」と予想を立てて、「○年経ったタイミングで売った場合、どのくらいのリターンになるか」と大まかなイメージをつかんだうえで、その物件に投資するかしないかを考えるのです。

図⑲　モデルケースで損益トライアングルを作ってみる

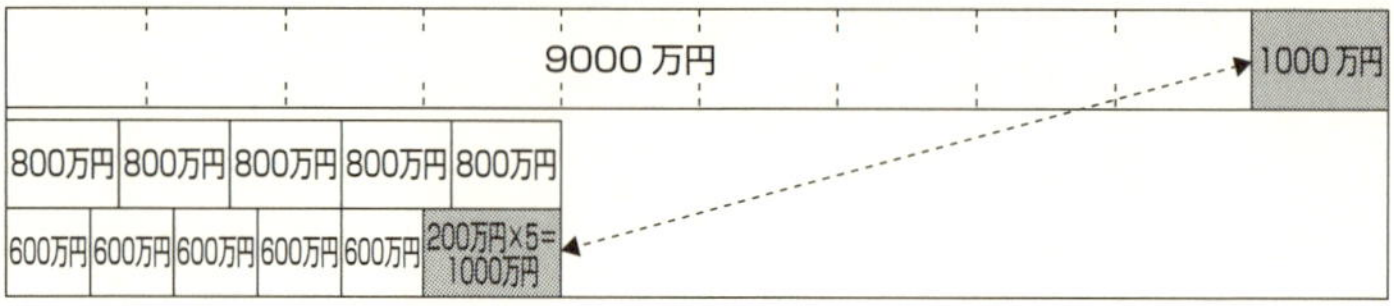

その大まかなイメージを描くためには、この流通価格のモデルに加えて、もうひとつの図形が必要になります。この図形は三角形になるので、多少かっこよく「損益トライアングル」と命名したいと思います。

●損益トライアングルの作り方

損益トライアングルの作り方は、非常にシンプルです。

第2章で出した1億円で利回り10%の物件を例にとって、実際に5年保有したときの損益トライアングルを作ってみましょう。

すでに説明したように、この物件は毎年1000万円の家賃収入があり、経費が計200万円かかるので、収益は800万円となります。また、毎年の減価償却が200万円ですから、5年で減価償却分が1000万円となります（図⑲）。

損益トライアングルを作る際には、減価償却を差し引く前の利益800万円を使います。800万円の利益が5年間続くことを表すと図⑳のようになります。

次に、これを累計グラフにしてみます（図㉑）。

図⑳　毎年800万円ずつ収益が上がる

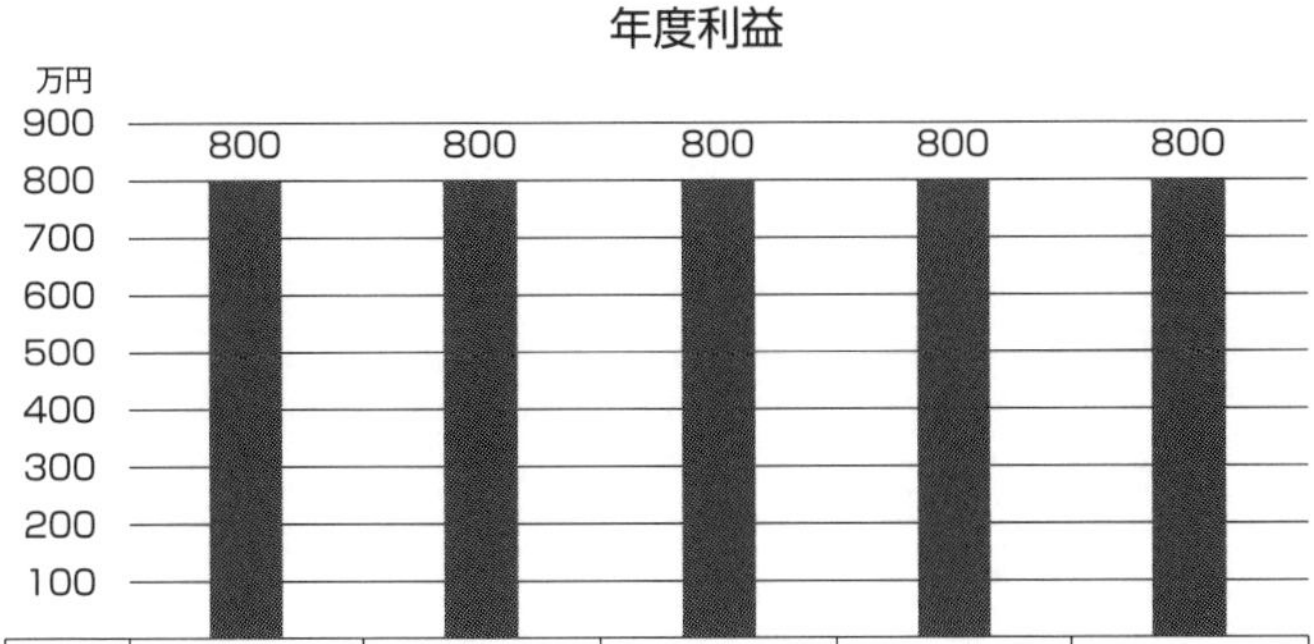

年数	1	2	3	4	5
利益	800	800	800	800	800

図㉑　利益の累計をグラフにする

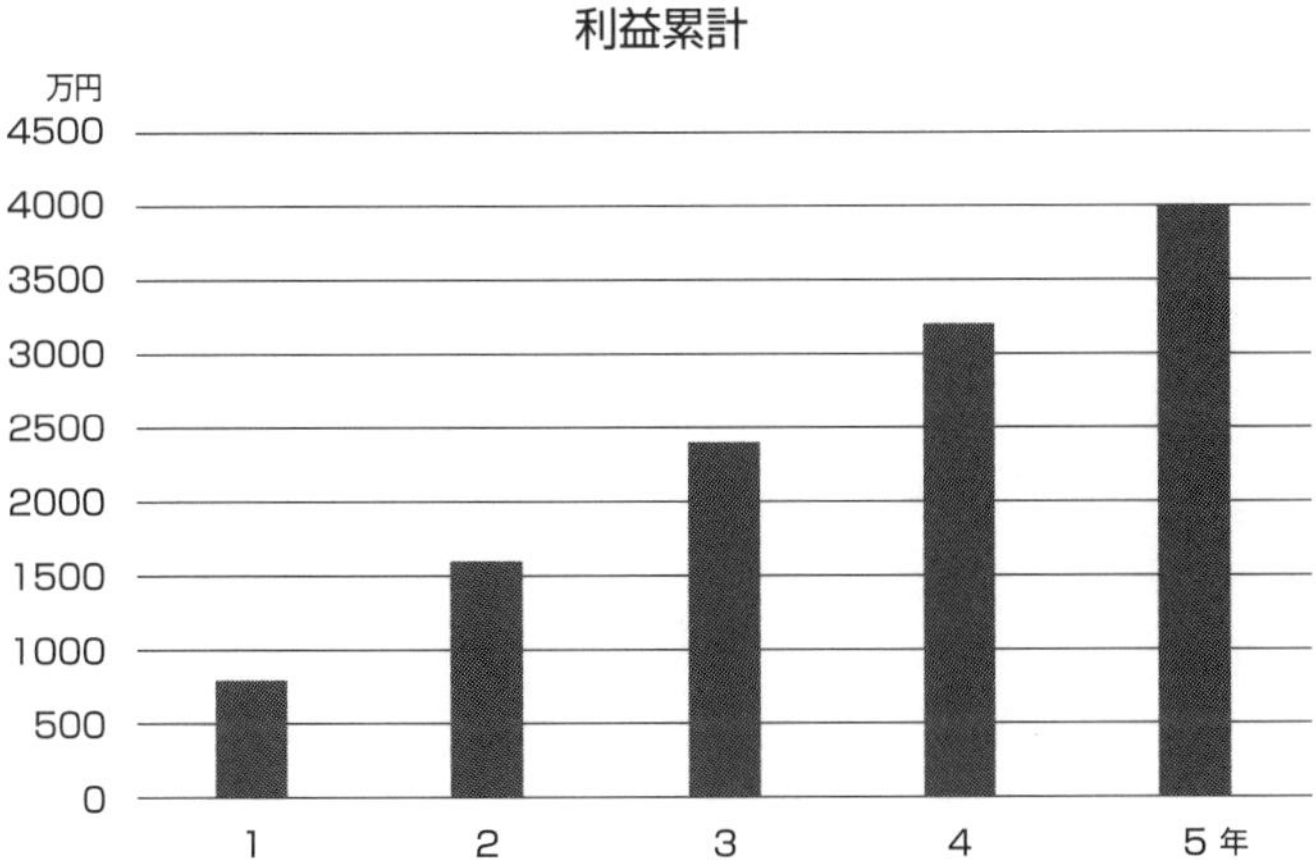

図㉒　利益の累計を線グラフにすると

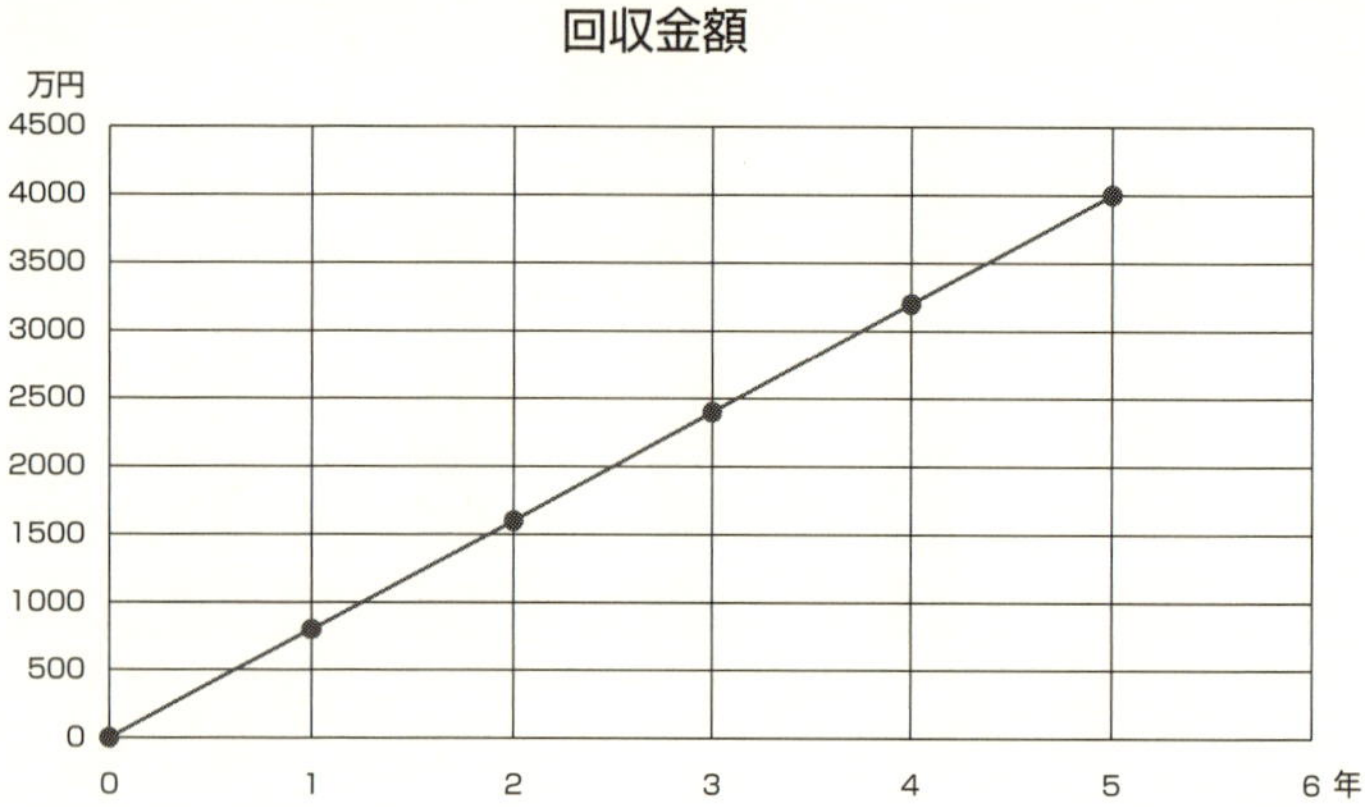

さらに、これを線グラフにします（図㉒）。

このグラフの線とグラフの横軸の間に挟まれた、トライアングルが見えてきました（図㉓）。これが利益の累計を表すトライアングルです。非常にシンプル、簡単ですね。

次に、このトライアングルを横軸を基準に反転させます（図㉔）。

この反転させたトライアングルは、回収した投資金額の累計を表します。

利益を得るということは、投資した金額の一部を回収していくことですから、たとえば１億円を投資して毎年８００万利益を得れば、５年間で４０００万円を回収したと考えることができます。

投資金額からスタートして回収できた金額を差し引いたグラフを描いていくと、未回収金額を表すグラフができます。それが図㉕です。

図㉓　利益の累計を表すトライアングルができる

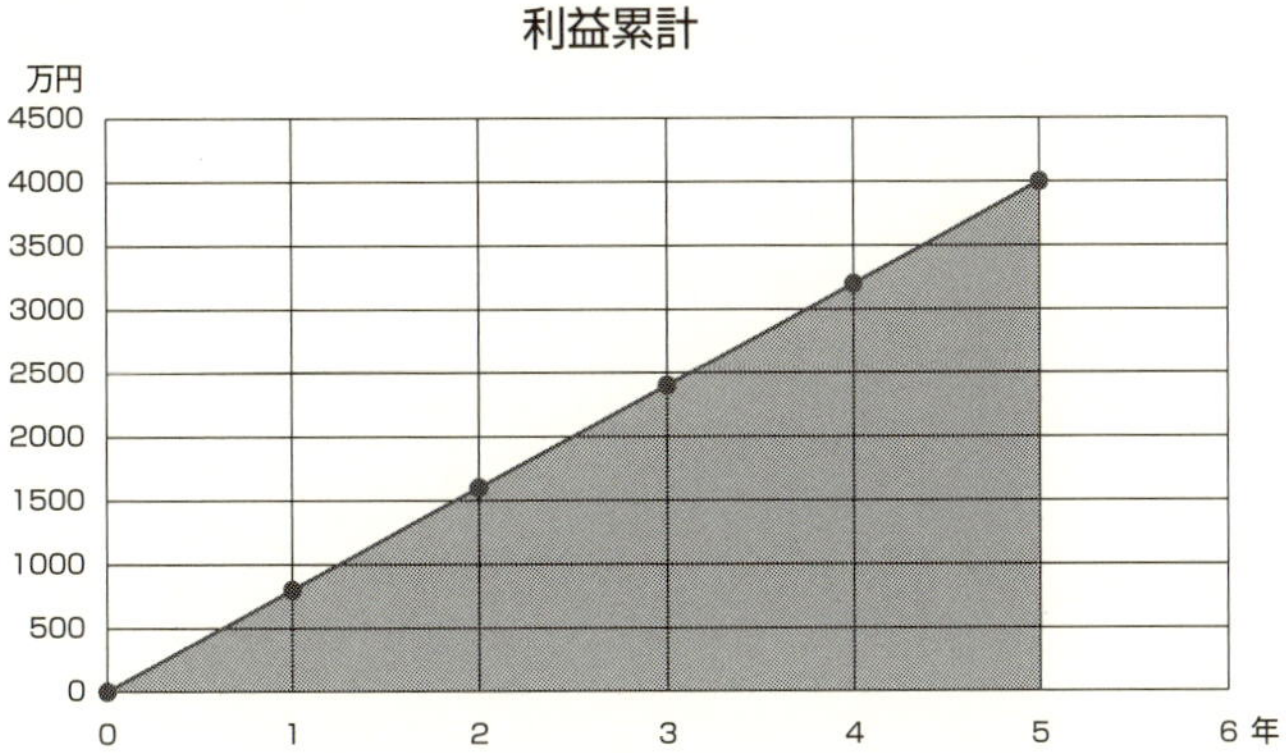

図㉔　横軸を基準に反転させると、損益トライアングルの完成

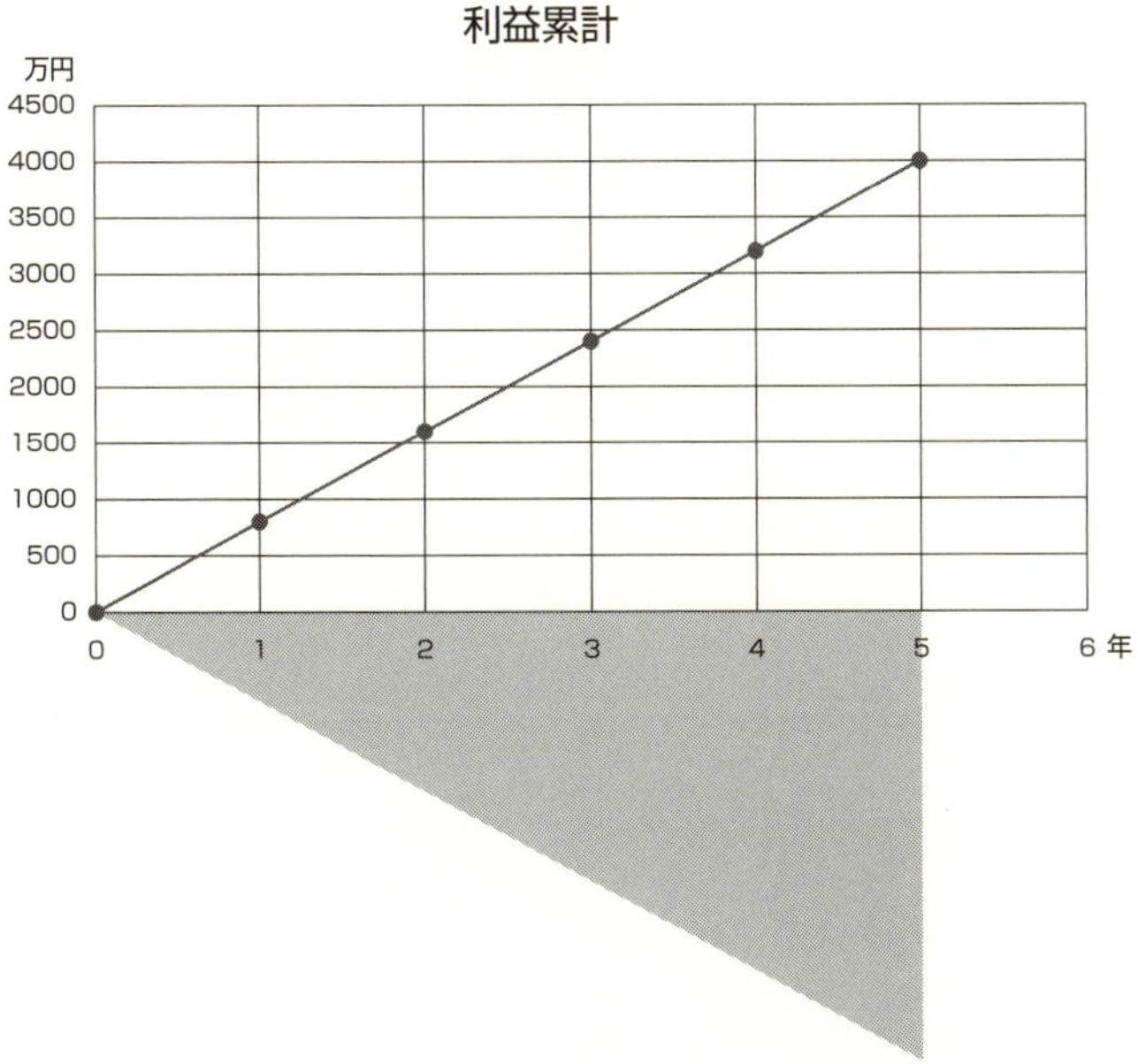

1億円の投資ですから、1億円からスタートして毎年800万円ずつ回収していくと、5年間で回収金額は4000万円、未回収金額は6000万円になることを意味するグラフです。賃貸収入によって回収が進めば、未回収金額は少しずつ小さくなっていきますね。どこまで回収が進んだのかは投資額からトライアングルの長辺までの距離で表され、未回収の金額がどのくらいなのかは、ゼロからトライアングルの長辺までの距離で表されます。

このグラフで5年後を見ると、未回収金額は6000万円ですね。

このグラフでは、利益（損益）はトライアングルの中に示されていることになります。とてもシンプルな話ですので、ここまでご理解いただけたかと思います。

●物件価格の変動を織り込む

このトライアングルは、上辺が1億円で一定なことからわかるように、物件価格が変動しなかった場合の利益を表しています。

しかし、実際には不動産価格は変動しますので、価格変動をこのグラフに入れてみると、図㉖のようになります。

このグラフでは、5年後の物件価格が9000万円になったと仮定していて、斜線のトライアングルが価格の減少分を表しています。実際の利益は、斜線のトライアングル分をマイナスした残りの部分で表現されることになります。

図㉕　損益トライアングルで回収金額と未回収金額を読む

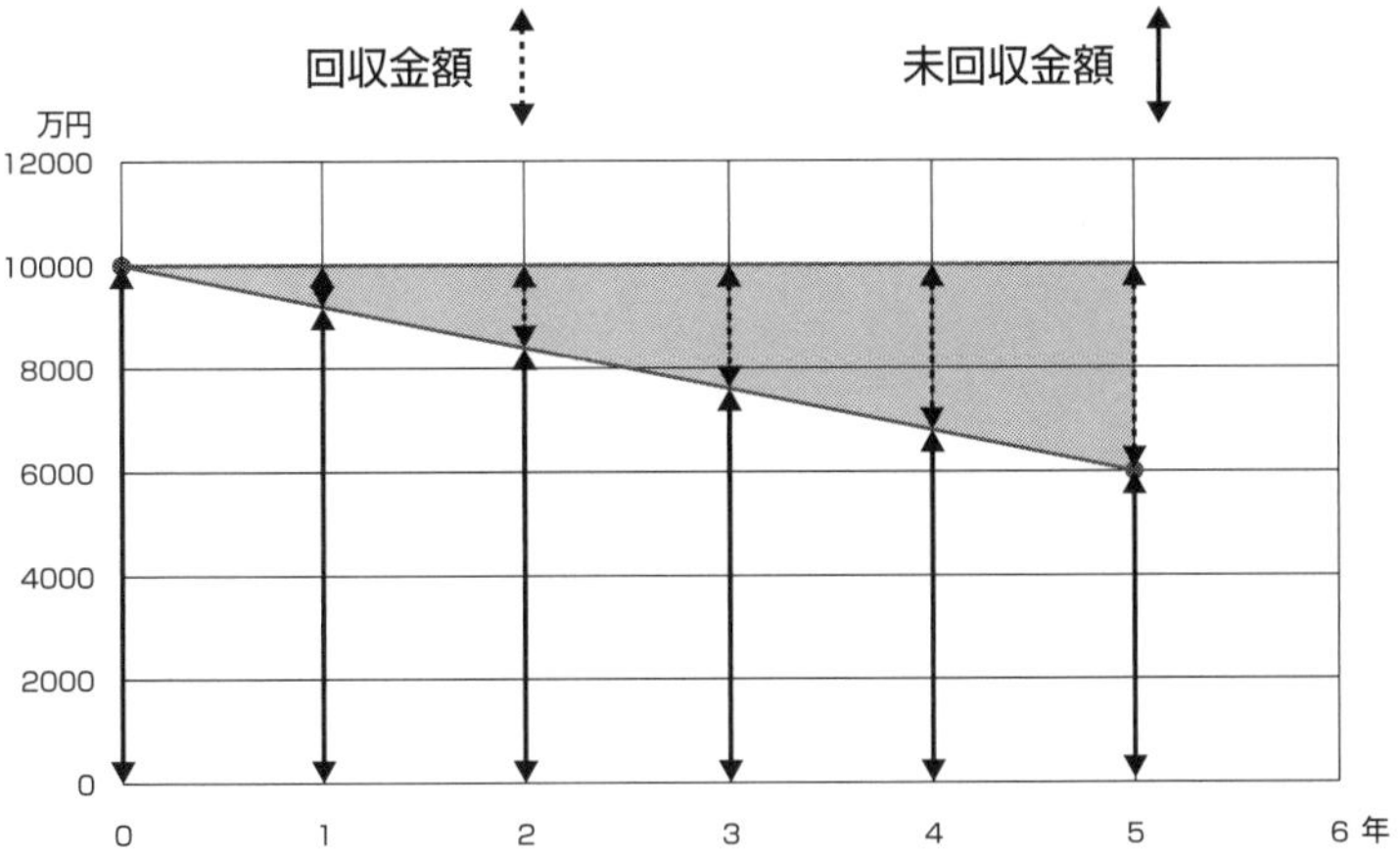

図㉖　物件価格の変動を織り込む

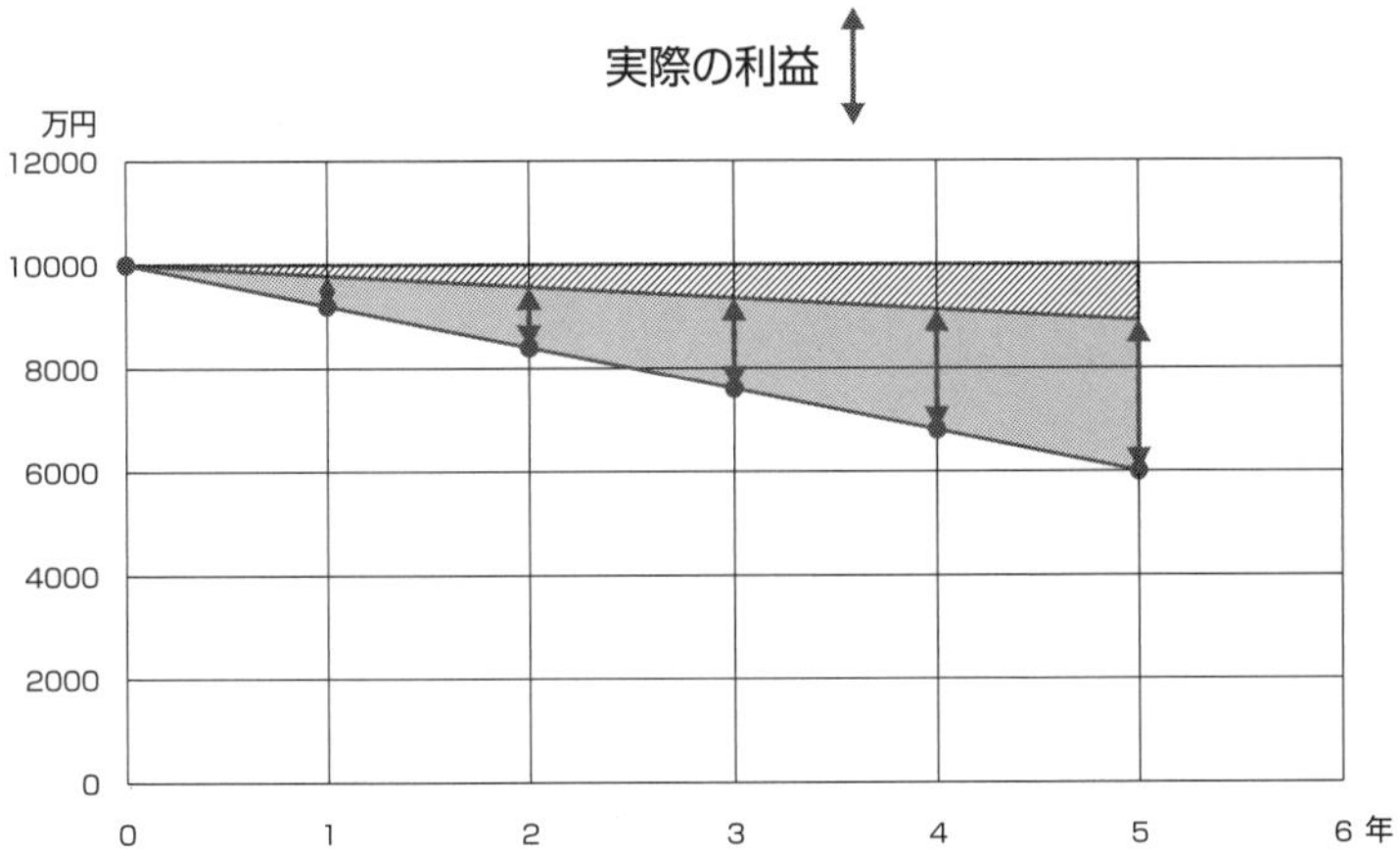

図㉗　利回り15%の損益トライアングル

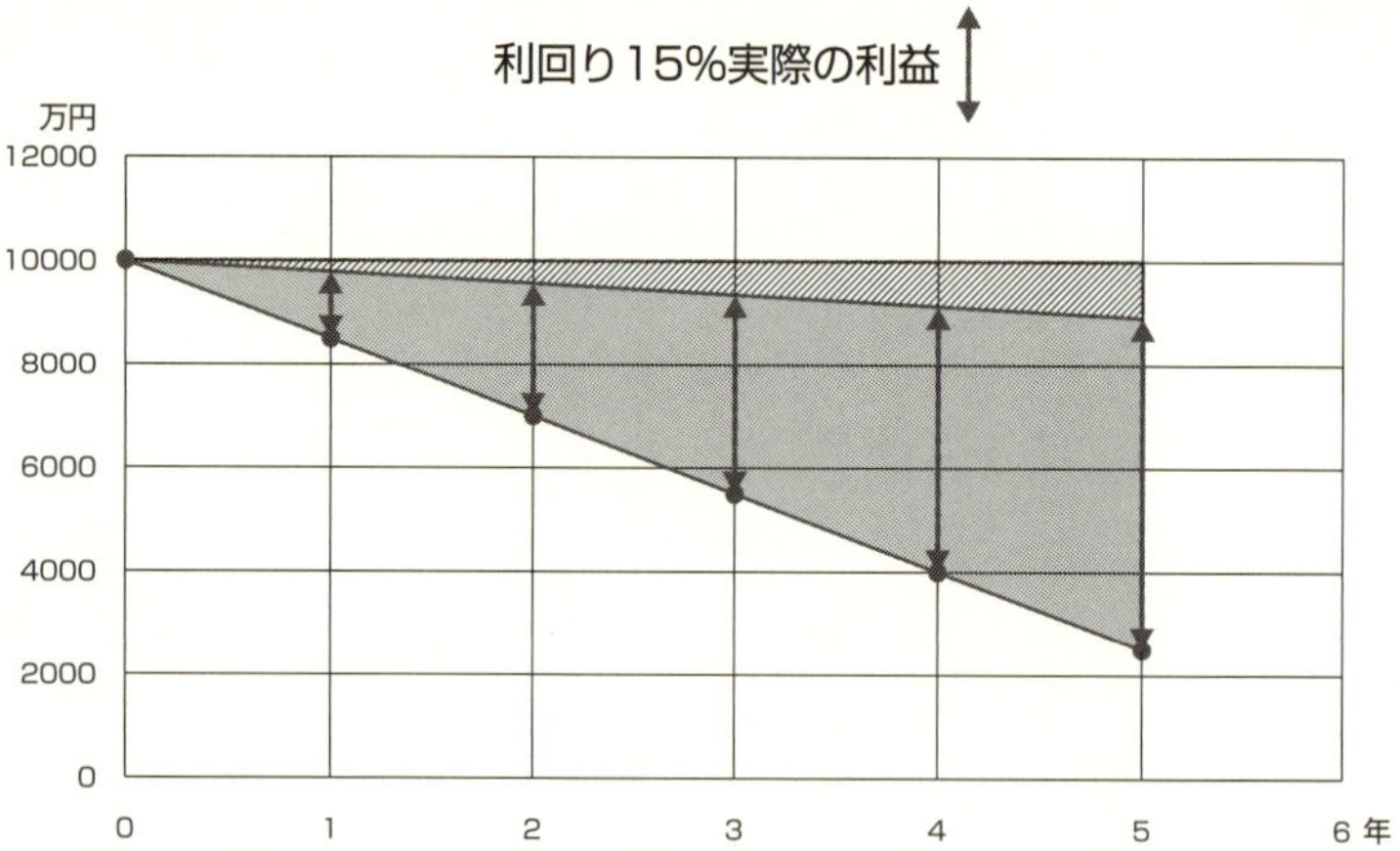

　そのときの市場価格は図㉖では９０００万円ですから、９０００万円と６０００万円との差額３０００万円が投資の利益となります。その利益が矢印で表されています。

　では、この損益トライアングルが条件によってどんな形に変化していくのかを考えてみましょう。

●損益トライアングルの形はどう変わるのか

　このトライアングルは、利回りが変わると累計額も変わるため、当然ながら形が変化していきます。

　数字を形にすることで、イメージが直感的につかみやすくなりますね。

　たとえば、この表を利回り15%（年間利益１５００万）にすると、図㉗のようになります。

　損益トライアングルの鋭角の開きが大きくな

図㉘　利回り3%の損益トライアングル

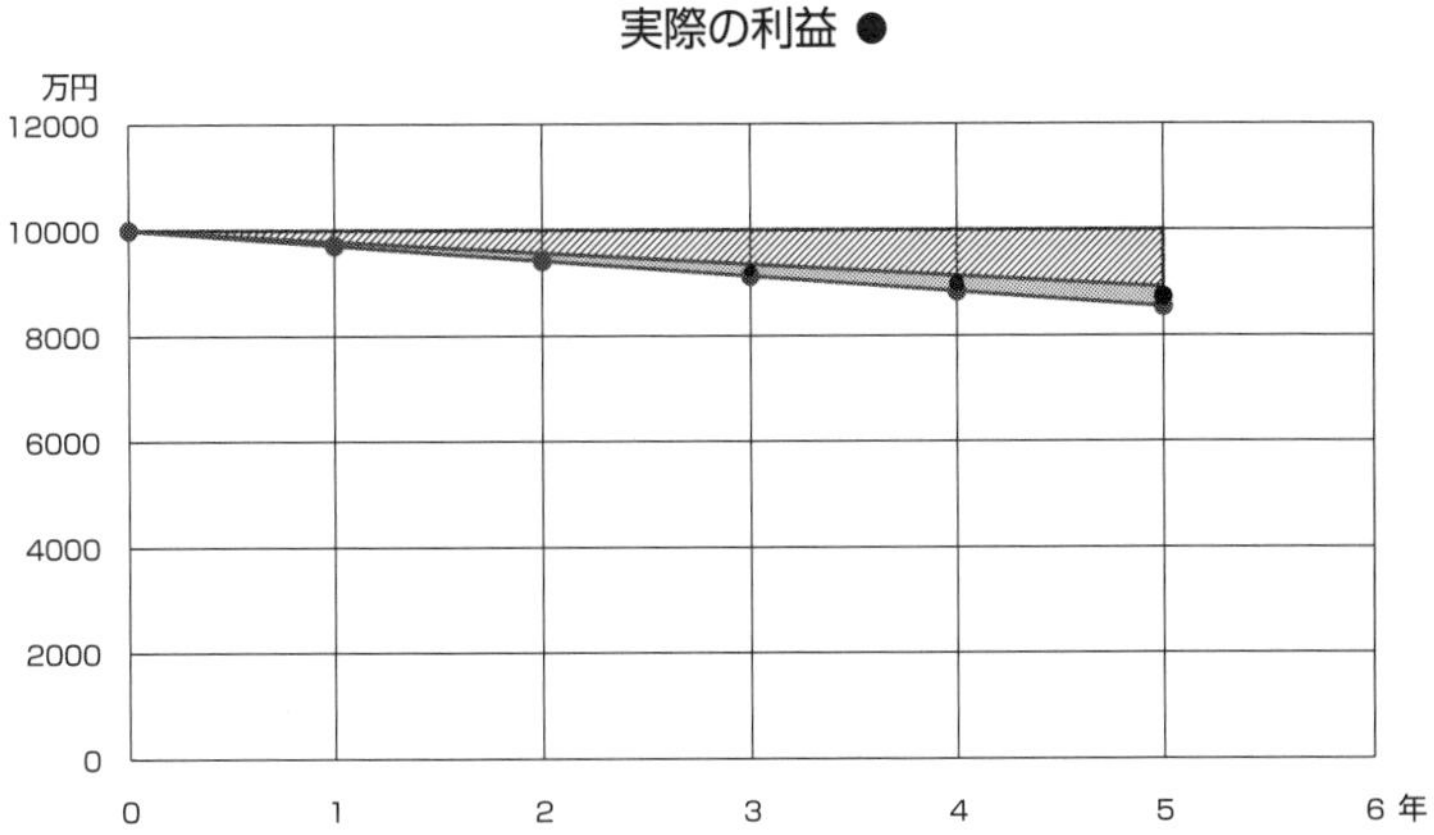

り、三角形の面積が広くなったことで、利益の大きさが視覚的にもつかみやすくなっています。

この場合、投資額の回収がとても速く進み、5年後には未回収額は2000万円になっています。

このときの物件価格は9000万円ですから、その差（矢印部分）の7000万が利益になっていることがわかります。

逆に利回りが3%、年間利益300万と小さくなった場合、図㉘のようにとても細い三角形になってしまいます。

5年後の未回収額は8500万円ですが、流通価格が9000万円ですので、その差は500万円しかありません。かろうじてトライアングルの形を保つように細長く表示されているのが、その500万円の利益を表しています。

これではいつ利益が消えてもおかしくないよ

図㉙　利回り3％で5年後の物件価格が8000万円に下落すると

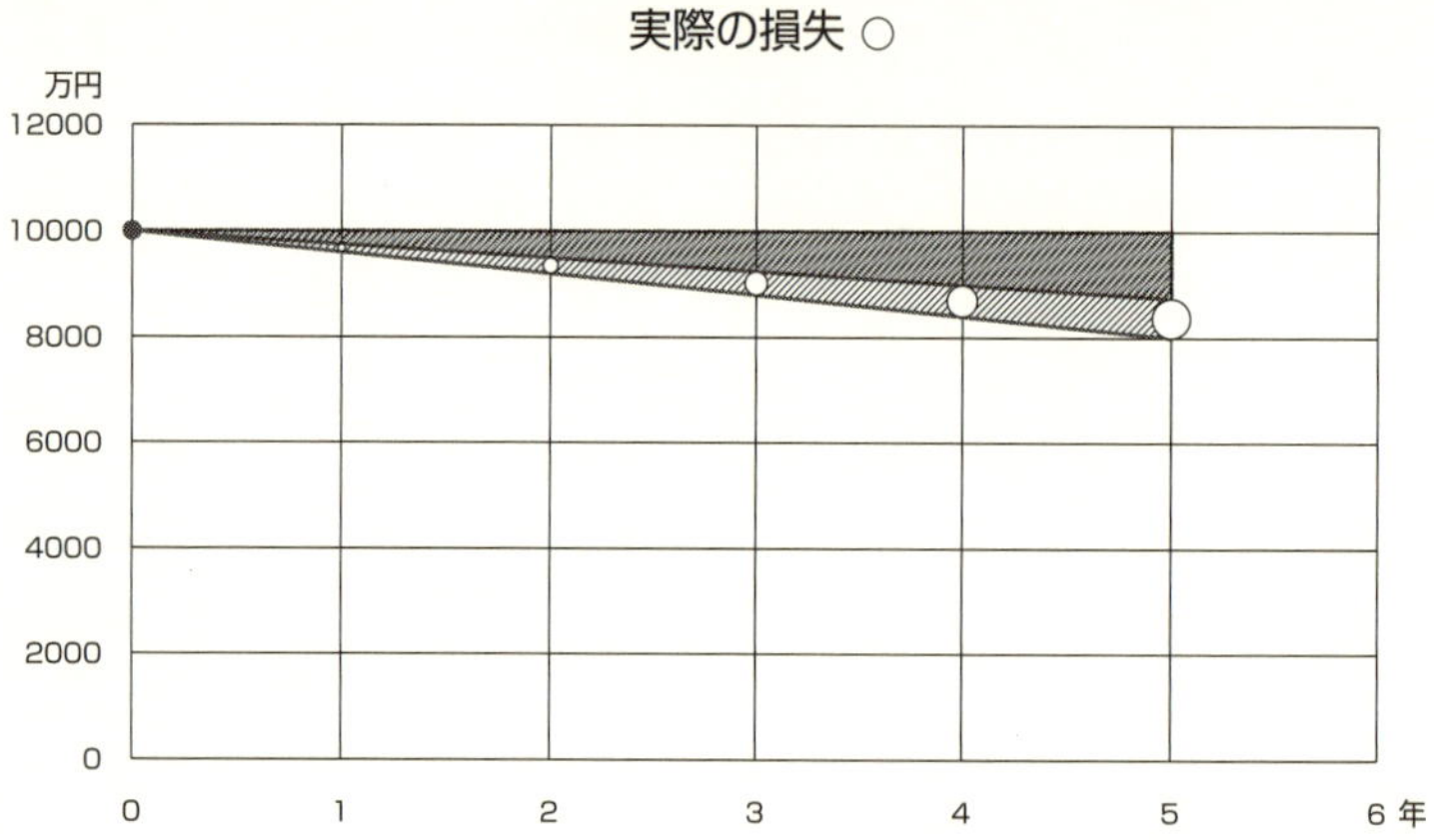

うに見えますね。

では、この利回り3％の物件で、5年後の物件価格が9000万ではなく8000万円に下落してしまったらどうなるでしょう。

図㉙でわかるように、物件価格が未回収金額より低くなってしまいますので、回収部分のトライアングルを下回ってしまっていますね。図にするとトライアングルの長辺と物件価格の差（白い部分）が損失として見えてきます。

このようにトライアングルをイメージし、物件価格の変化と重ね合わせることで、投資の利益、損失が可視化できるようになるのです。

第5章　損益トライアングルと流通価格モデルで投資イメージをつかむ

さて、第3章で流通価格モデルを、第4章で損益トライアングルを見てきました。この章ではいよいよ、この2つを重ね合わせることで、「○年経ったタイミングで売った場合、どのくらいのリターンになるか」という投資イメージを探っていきましょう。

●短期所有（5年）の場合、収支はどうなるか

どこまでが短期なのかについては意見が分かれるところですが、まずは5年を目処で考えてみることにします。

個人所有の不動産は、最初の固定資産税起算日（1月1日）から5年間経過すると不動産譲渡税の税率が下がるので、このあたりから売却を考え始める人も実際に多いのではないかと思います。

購入時の収益条件は同じ、つまりトライアングルの大きさや角度は同じと仮定します。

【条件】流通価格モデルは需要安定地域
建物構造は木造
築10年、15年、20年で投資し、それぞれ5年所有したと仮定する

図㉚のそれぞれの損益トライアングルの楕円の部分が収益を表します。

このグラフの場合、同じ利回りでも価格下落の少ない築20年での成績がよくなります。

では次に、同じ需要安定地域で建物構造がRCの物件に投資したらどうなるでしょう。

【条件】流通価格モデルは需要安定地域
建物構造はRC
築10年、15年、20年、25年で投資し、それぞれ5年所有したと仮定する

図㉛のグラフからわかるように、RC物件に投資した場合、築10年、15年、20年での投資はほぼ同じ利益ですが、25年からの5年間の場合、利益は極端に減少します。

この2つのモデルケースから読み取れるのは次のようなことでしょう。

① 仮に利回りが同じであったとしても、流通価格の動きによってリターンは変わってくる

図㉚　木造に築10年、15年、20年で投資し、5年所有した場合

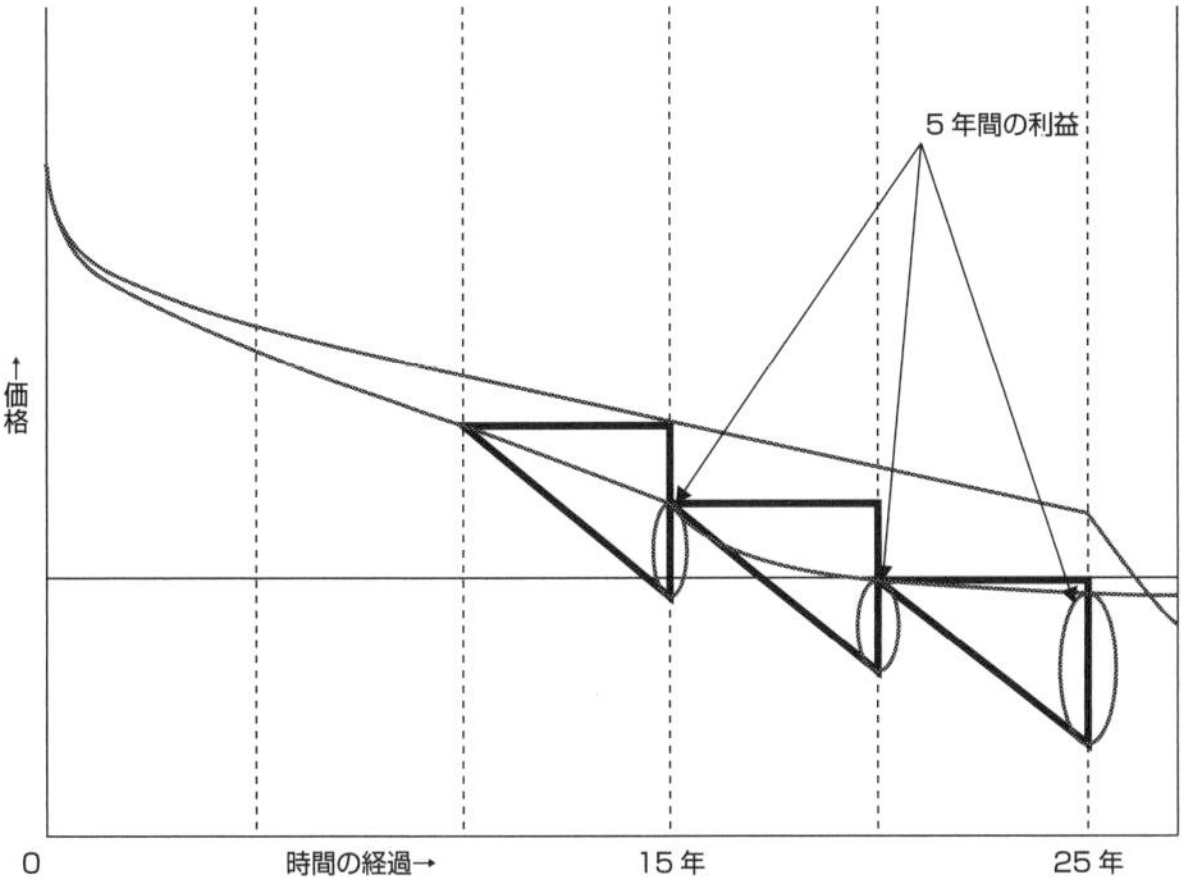

図㉛　ＲＣに築10年、15年、20年、25年で投資し、5年所有した場合

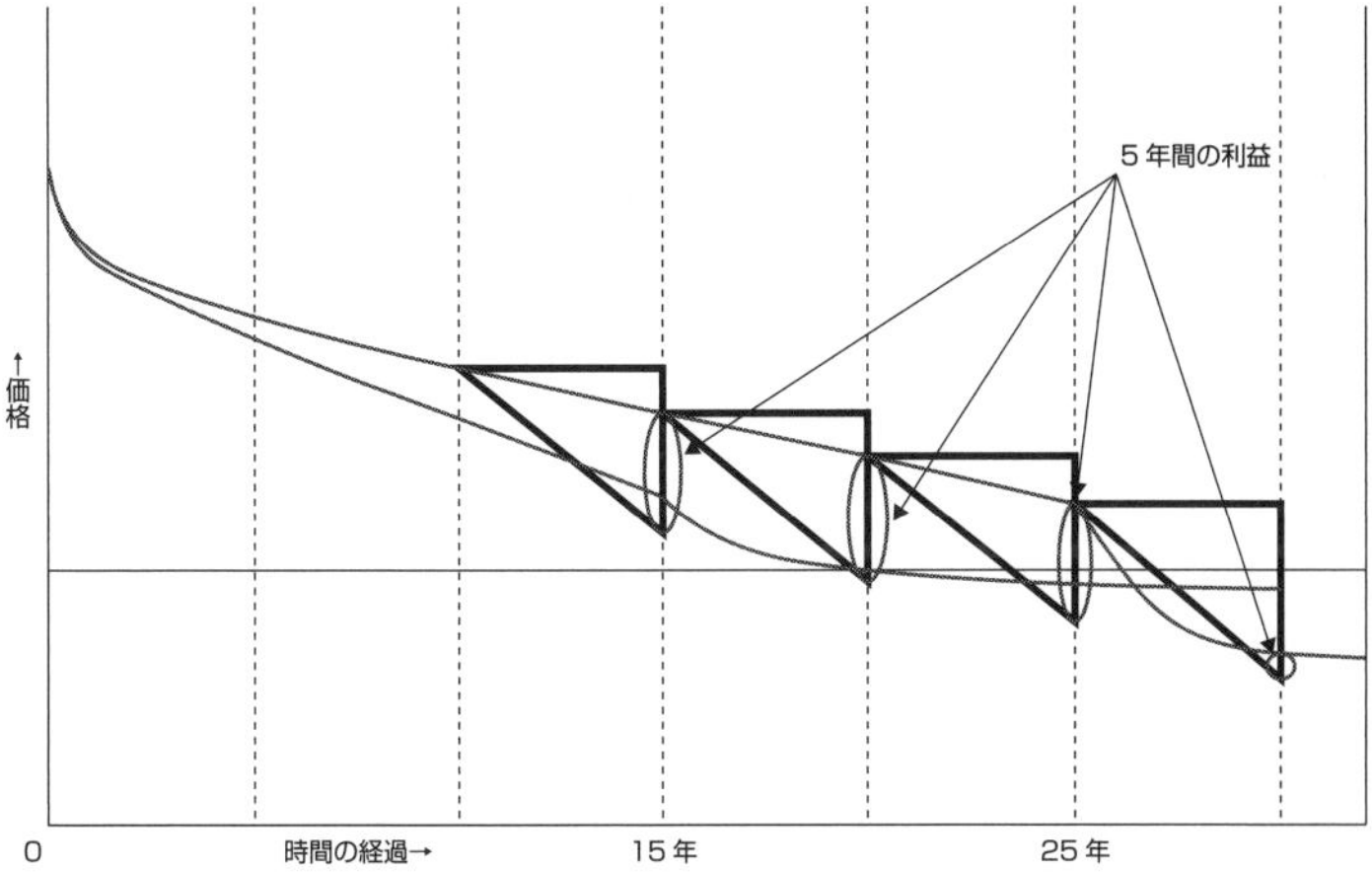

②　同時期に同じ利回りの物件に投資しても、建物構造によってリターンは異なる

③　木造築20年での投資のように、それ以降の流通価格の下落率が低くなる場合は、同じ利回りでも、築年数の若い物件よりリターンが大きくなる可能性がある

④　RCの場合には、築年が進んでいくと価格が急に下落する時期が訪れることがあり、その時期に投資してもリターンがほとんど望めない可能性がある

もちろん、これは架空の流通価格モデルを元にイメージしていますので、①〜④が普遍的に正しいということではありません。流通価格のラインは地域などによってさまざまですのでよく検討する必要がありますし、またそれによって、どのタイミングが一番効率が良いのかは個々にまったく違ってきます。

ですが、①〜④で読み取れること、特に③と④は、不動産投資の奥深いところを教えてくれているように思いますので、さらに細かく見ていきましょう。

●土地価格の動きをベースに考える

③の場合、同じ利回りだと仮定しても、木造築20年のほうが築10年、築15年よりリターンが大きくなっています。というのは、このモデルでは築20年以降の流通価格はほぼ土地の売買代金に近くなり、その後も土地値を基準に売買されると予測しているからです。

実際に投資をしている感覚から言えば、一般的に利回りは築年数が経過するほど高くなるように期待しますが、流通価格が土地値にほぼ近くなると、利回りは築年数の浅いものと同じであってもリターンが大きくなることを表しているのです。

当然のことですが、築年数が経過すればするほど修繕費も大きくなる可能性がありますし、耐用年数も確実に短くなっていることは押さえておく必要があります。ですが、その点を理解し、マイナス面を克服できるのであれば、面白い投資機会になる可能性があるわけです。

ただし、いくら古い木造は土地値を基準に売買されるといっても、需要が弱い地域で土地値がどんどん下がっていく傾向にあったら、この考えは成り立たないので注意が必要です。

④も③と基本的には同じ考え方です。ただし、ＲＣの場合も土地価格で物件価格の下支えはありますが、土地として評価する場合はＲＣの高額な解体費用分がマイナスされるために価格下落幅が大きくなることがあります。

いずれの場合も、需要の強い弱いによって、いつ価格下落幅が大きくなる時期がくるのかについては、かなり幅があるようにも思います。

このように、立地と建物の特性を考慮し、下落の勾配が急激になるのはどの時期か、また土地値によって支えられてなだらかになる点はどこにあるのかを考えながら、投資全体のイメージをつかむことが大切です。

●長期投資のために物件をどう選ぶか

ここまでは5年という比較的短いスパンで区切って、その間のリターンを考えてみました。でも、数年所有してすぐ売却するというのは不動産投資の選択肢の一部でしかありません。

私は投資を始めて18年です。これまで購入した16棟の不動産のうち、たった3年所有しただけで売却したものもありますが、その一方で、最初に購入した物件はまだ所有しています。

現金化しなければならない理由がなければ、長期保有するのが普通でしょうし、もちろん、次の世代へと委ねていくことが最適な場合もあります。

そこで次に、長期所有する場合のリターンを見ながら、どんな観点で物件を評価していくべきなのかを考えてみましょう。

不動産投資をしようと考えたとき、どんな物件がいいのか、悩みますね。

本やセミナーなどで、どのような物件がいいのかについて、さまざまなことが言われます。たとえば立地については、「首都圏が良い」「土地勘のある地元が良い」「いや、場所にはこだわらなくて良い」などの議論が絶えません。

収益率については、「利回りがとにかく高いほうが良い」「利回りよりも安定性だ」「いや、本当に希少価値のあるところなら、利回りなどこだわらない」など、意見が分かれます。

築年数では、「新築が一番」「いや、築古でも利回りが高いほうが良い」「それも違う、バランスが大切だ」などと言われます。

構造については、「ＲＣが絶対良い」「いや、メンテナンスしやすい鉄骨がおすすめ」「固定資産税が安くて壊しやすい木造が一番だ」などなど、手掛ける人の好みもあるようです。

情報はあふれていますが、これから始めようとする人にとっては勉強すればするほどわからなくなっているのではないでしょうか。

●先人の成功例から学ぶこと

不動産投資について勉強すればするほど、混乱してわからなくなるのはなぜでしょう。

それは、多くの本やセミナーの内容が、「結論だけ聞かされて、なぜその選択をしたのか客観的な説明が希薄、もしくは皆無だから」であり、その具体的内容も「個人的に成功と思われる事実を羅列したもの」になりがちで、普遍性に欠けているからではないでしょうか。

それでも、本当の成功体験であれば先人に訊くのは非常に大切なことです。

でも、ただ漫然と訊いて納得するだけでは役には立ちません。それが「どういう理由」で成功したのか、同じことが「自分にできるのか」、その方法は無理であっても「自分の場合はこうすればできるのではないか」と深く探求していくことによって価値が出てくるのです。

本書では逆に「投資の実例」を極力書かないようにしています。

といっても私が投資をしていないかというと、サラリーマンでありながら常識人からすれば眉をひそめるような額の投資をしています。その実例を書いてもいいのですが、今回はそれよりも不動産投資に共通する普遍的な考え方をストレートに伝えることに注力しています。

損益トライアングルと流通価格モデルを提示しているのもそのためです。このモデルを使えば、投資の損益が視覚的に、それもひとつの表で読み取ることができます。

「なるほど。こういう見方もあるね」と思っていただけるのであれば、それはそれで著者冥利に尽きるのですが、こうやって本を書いている目的はもう一歩進んだところにあります。

それは、このトライアングルを使い、投資全体のイメージをつかんで「不動産投資で成功」してもらうことです。少なくとも失敗だけはして欲しくない。そんな気持ちで書いています。

そのために投資の損益をイメージとして思い描けるようになり、次に実際の物件をそのイメージにはめ込んでいって投資の成否を見きわめられるようになって欲しいのです。

●長期所有の場合の利回りと損益を考える

たとえば、類似の立地、価格も同額で、購入後の流通価格モデルも共通と思われる物件が3つあったとします。

区分所有で販売されている、築5年の同じマンションの同一間取り、同一条件のもので、家賃に違いがあるものを購入するとイメージしてください。つまり、違うのは収入（利回り）だけだと仮定し、長期保有（20年以上）した場合を考えます。

図㉜　20年以上の長期保有をした場合の損益トライアングル

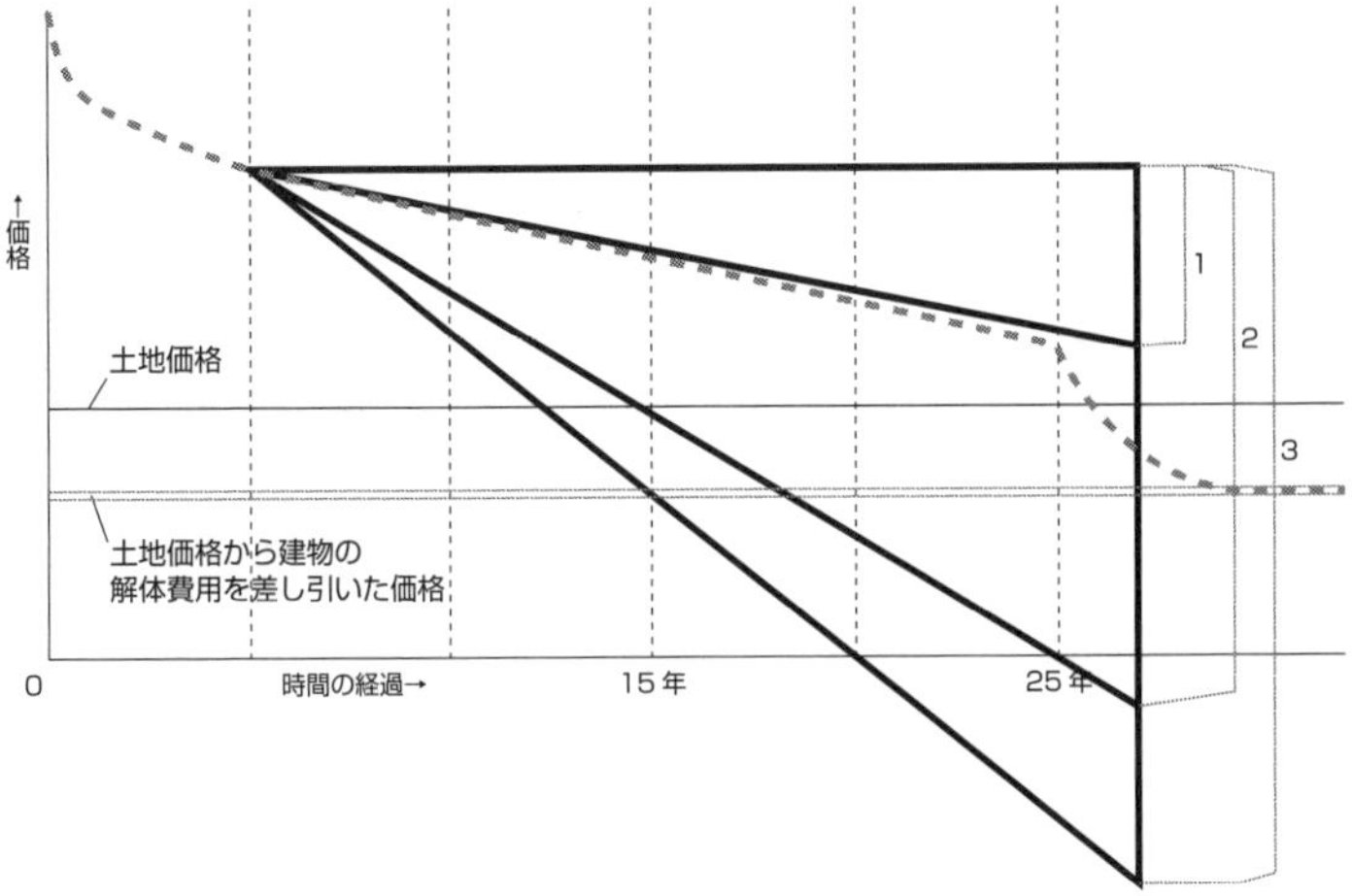

それをモデル化したらどういう形になるのか、具体的にイメージを作ってみましょう(図㉜)。

この流通価格モデルは需要安定地域のRCのパターンを使っています。また図の中央の横線は土地価格を表します。その下の二重線は土地価格から建物の解体費用を差し引いた金額です。

実際の物件の検討に使う際には、実際の流通価格を調査し、この流通価格モデルそのものを新たに作り直す必要があります。しかし、ここでは投資の損益をつかむためのイメージトレーニングですから、既存の流通価格モデルをそのまま使います。

この需要安定地域・RCの流通価格モデルに、傾斜の違う3つのパターンの損益トライアングルを重ね合わせてみました。

これら3つの損益トライアングルは、同じ流通価格曲線の上に位置しているけれども、家賃収入（利回り）が違っていることを表しています。それぞれの損益トライアングルから何が読み取れるかを考えていきます。

1のトライアングルには、流通価格モデルを示す点線を下回る部分がありません。このことから、家賃収入による投資金額の回収額が不足していること、つまり、家賃収入の累積では埋められないほど物件価格が下落していることがわかります。

損益トライアングルの長辺の傾斜は利回りを表していますから、利益を出すための絶対的な利回りが不足していることになります。このモデルがこの先どうなるかは描いていませんが、さらに長期で所有してもおそらく利益は得られないでしょう。

一方、2、3のトライアングルは、価格の下落よりも投資金額の回収のほうが早いため、着実に利益が出ています。また、長期投資によって、全額回収＝絶対に損失が出ない年数も見えてきます。

●投資のリスクはどこでゼロになるか

投資した額を全額回収するまでにかかる期間で比べると、2のトライアングルでは20年、3では15年となります。損益トライアングルの長辺が横軸と交わったところがその期間を示しています。

また、全額回収はできていなくても土地価格から建物の解体費用を差し引いた二重線まで到達すれば、この金額以降の下落はないものと判断されます。この状態になれば投売りしたとしても少なくとも投資金額は回収できますから、全額回収前でも投資のリスクはゼロになると考えられます。ここに届くまでに2で13年、3で10年かかります。

全額回収したあとでも、家賃収入が入ってくれれば、流通価格に加えて利益は上乗せになってきます。その部分はゼロのラインより下の部分で表されています。

このゼロライン以下はもちろん、そこまで到達しなくてもリスクがゼロになる時期を過ぎてからの収入は「リスクなしで投資のリターンのみを得る」状況を作り出したことになります。つまり、持ち続けても売却しても、利益の確保はできているということです。これが長期投資の長所です。

ですから結論としては、2、3ともに良い投資物件という判断になります。もちろん3の条件、つまり2より利回りが高いほうが良いのは当然ですが、有利な物件ほど入手できる確率は低くなると考えられます。

逆に利回りの低い物件はすぐにでも入手できるかもしれませんが、1の図の通り、多少利回りがあったとしても「永遠に利益が出ない」ことになります。

このように、利益を出すために最低限必要な利回りのイメージを、この損益トライアングルの角度で読み取ることができます。

●具体的な投資場面で損益トライアングルを使って考える

損益トライアングルのこの角度の変化を、実際の物件選択の場面ではどう生かせるでしょうか。たとえば、こんなケースが考えられます。

区分所有での投資を考えているCさんが、都内に好立地の区分所有マンションを見つけました。築8年のRCでエレベーター付、全体の戸数も40室を超えていますので、管理費負担も許容範囲、修繕積立額も問題なさそうです。利回りは表面で8・5%、築8年でこの立地としてはなかなかないように思いました。

仲介業者さんのトークは、

「30代の女性がずっと住んでいます」

「前回の更新契約の際、玄関から中が見えたのですが、部屋も綺麗でした」

「気に入っているので当分は住み続けたいと言っていました」

といったものです。

入居者も良さそうだし、利回りも高い。これは掘り出し物かもしれないとCさんは考えましたが、念のため妻にも相談することにしました。

その晩、家族会議を開くと、奥さんも物件に興味を示してくれました。

立地も良いいし、建物も新しい、入居者も長く住んでくれているから良さそうに思うのだけど。

図㉝　家賃が2割下落すると損益トライアングルは大きく変わる

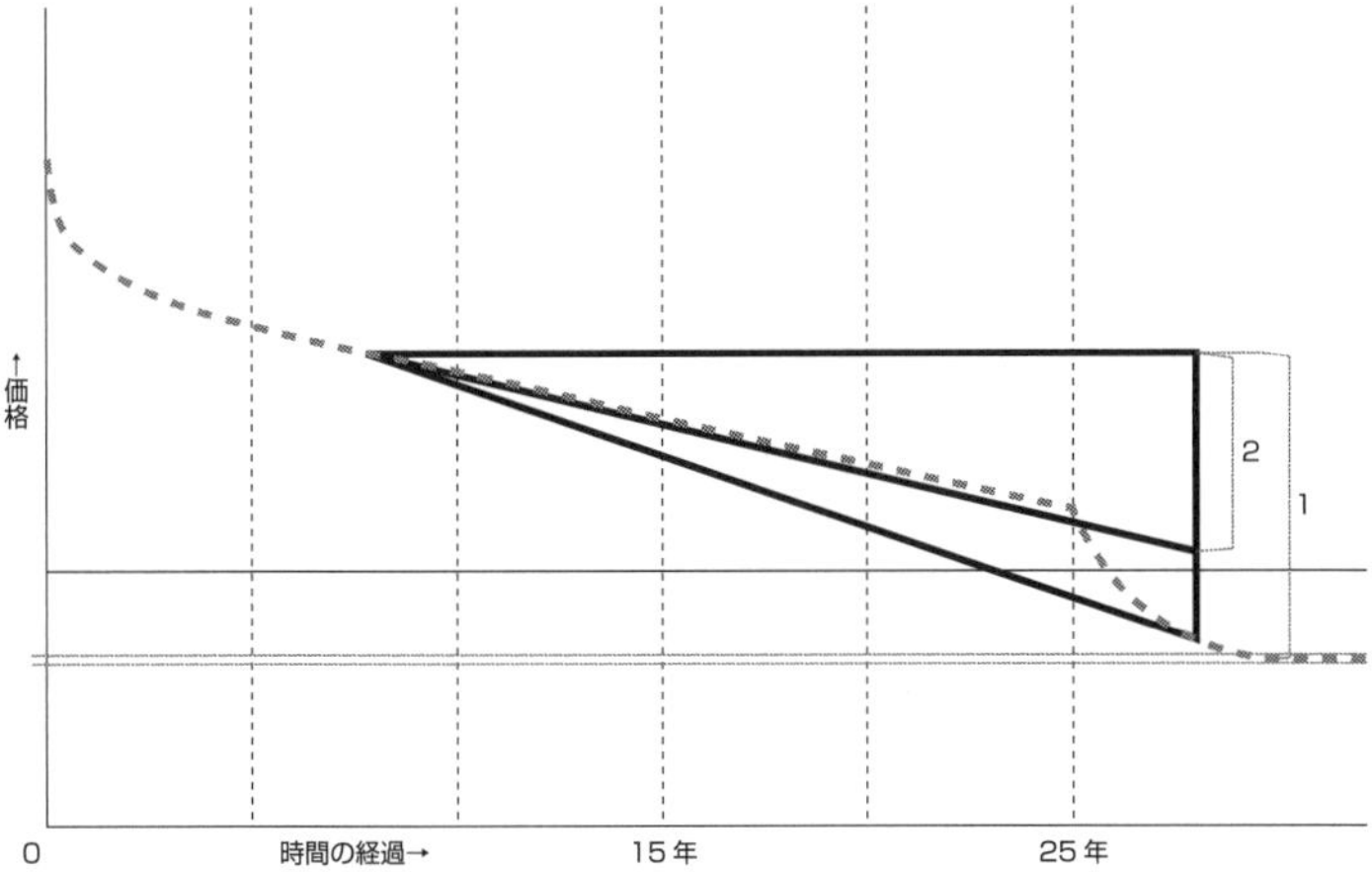

「私も気にいったわ。でも、ずっと住み続けてくれるかはわからないわね」

それはそう。独身ということは、結婚して退去することもあるし……。

「そのとき、家賃はどうなるかしら。えーと、ネットで見ると……あ、このマンションね。あ、ちょうど同じ階で、同じ間取りで空室が出てる。あれ？　今の家賃より2割も安いけど……」

Cさんが2割下がった家賃で計算しなおしてみると、表面利回りはガクっと下がってしまいました。

こうしたケースのように、現在の家賃が相場の実態にあっていない場合もよく見られます。特に、新築からずっと入居している場合には通常の家賃相場より5～10%高いプレミア価格で入居していることがあります。そうした場合、入居者が変わる際に家賃がぐっと下がり、利回りに大きく影響が出ることがあります。

もちろん、現在の入居者がずっと住み続けてくれれば問題はないかもしれませんが、買った途端に退去！ということもよくあることなので、過大な期待は禁物です。

ですから、利回り計算をするときには現在の相場で計算することが必要です。

損益トライアングルを使って、今の家賃から家賃が2割下がった状態をイメージすると図㉝のようになります。1が最初に想定していた利回りの場合で、2が2割下がった場合です。

ここからは家賃の根拠が変わると、損益が大きく変わってしまうことが読み取れます。

このように、価格が同一で利回りが違う場合に、投資金額の回収期間がどのように変わってくるかを、損益トライアングルの角度を変化させることでシミュレーションしてみました。

価格が同一で家賃収入が変わる（利回りが変わる）物件の場合、その違いは損益トライアングルの長辺の傾きで表現されるということです。

●購入価格の違いで損益にどのような差が出るか

今度は、ある物件をどのくらいの価格で買えば利益が出るのかについて考えてみます。

実際の不動産流通市場は相対取引のため、同じ物件でも売り手、買い手の状況により取引価格には幅が出てきます。価格は変わりますが家賃は変わりませんので、収益トライアングルは購入価格によって平行移動することになります。

図㉞　購入価格が変わると利益も変動する

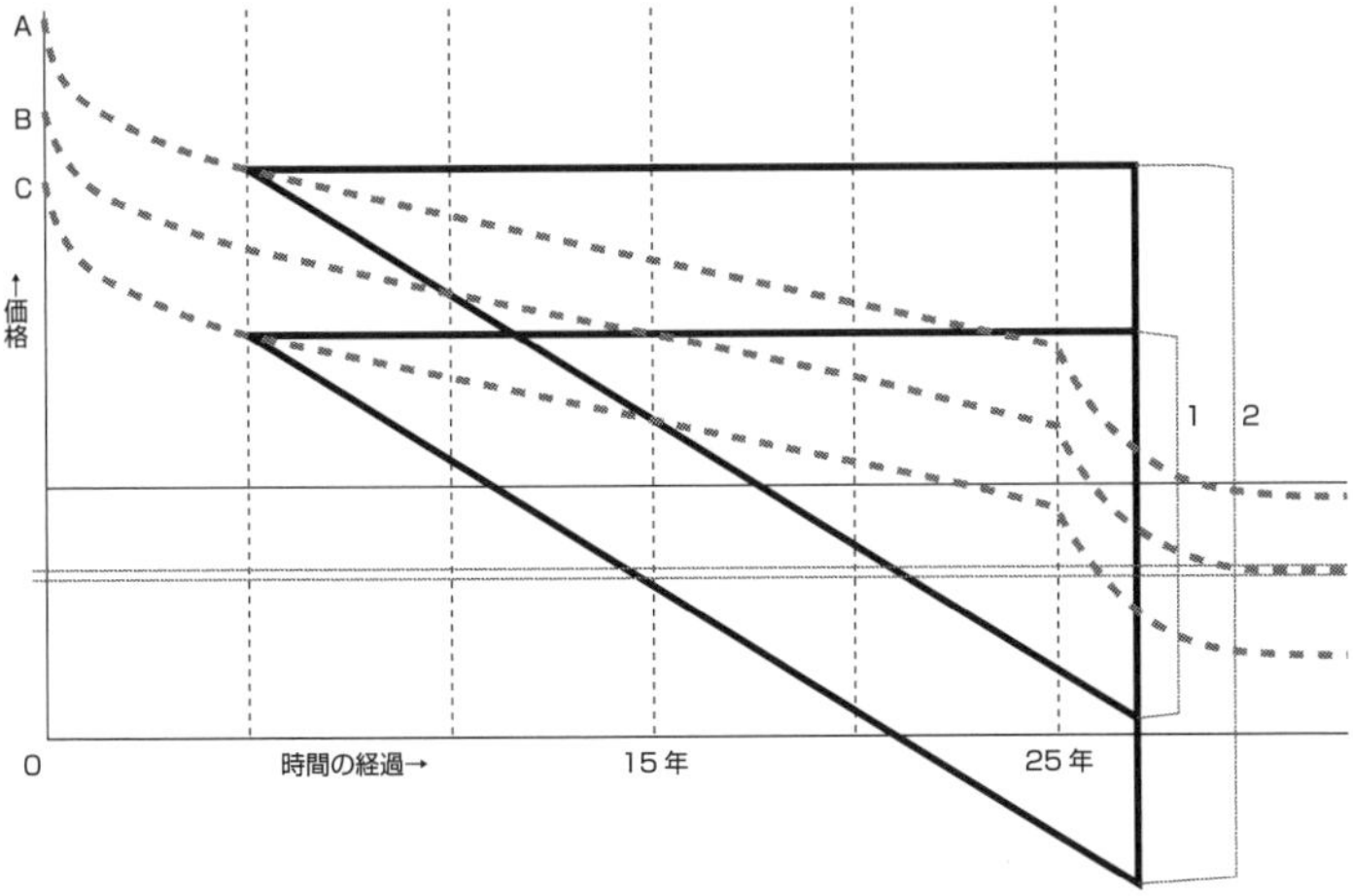

これは図㉞のように表すことができます。物件は同一ですので、その収益性、つまり収益トライアングルの角度、大きさは変わりません。しかし、不動産市場は相対取引ですので、市場での合意価格形成の標準がBのライン上であっても、実際の購入価格はラインA上にある（割高に入手）かもしれませんし、ラインC上になる（割安に入手）かもしれません。

この価格差の幅自体も確定したものではありませんが、図のように同じ物件でも購入価格には差がでる可能性があるのです。いずれの場合も、トライアングルの大きさは変わりませんので、ラインC上で購入できればラインAより大きな収益を得るチャンスは増えてきます。

チャンスといったのは、投資の損益は購入価格の差と仮に売却した場合の価格によって大きく変わりますが、ラインC上で、つまり物件を安く買えば、それだけ投資の回収も早く進むために売却での利益を出しやすくなるということです。

たとえば1で示したように、築5年の時点でこの図のAのライン上で購入し、10年後にCのライン上で売却した場合には、ほとんど利益は出ないことになります。逆に2で示したように、同じ物件を築5年でCのライン上で購入して10年後にAのライン上で売却できれば、トライアングルが示すインカムゲインに加えて、キャピタルゲインも得ることができます。

最近はネットでの情報などによって極端な事例は少なくなりましたが、相対取引によるギャップは少なからず存在しています。

もちろん、購入するときに有利なCライン上の取引であればよいのですが、不動産投資が注目を浴びている状況の中ではCライン上に見えて実はAラインを超える高い買い物だったということもあります。利益が出ないことがわかってあせって売却しようとしたら、今度はCライン上で売ってしまうということもありえます。

仲介会社のベテラン社員の言葉を今一度思い出してください。

「買うのが目的じゃないでしょ。買うことによって利益を得ることが目的でしょう」

●損益トライアングルの実際の形とは?

そろそろ、流通価格モデルと損益トライアングルを組み合わせて、投資イメージをつかむことに慣れてきたのではないでしょうか。

ここで補足として、このトライアングルが実際にはどのような形をとるのかについてお話しします。

実際の投資では、単年度ごとに損益にばらつきが発生するため、収益の累計をグラフにしてもきれいなトライアングルとなることはありません。

購入後に大規模修繕の費用がかかったり、空室期間が変動したりして家賃収入は変わってくるので、整った形のトライアングルではなく図㉟のようにデコボコした多角形になります。

【例】　1億円で利回り10％　　経費合計200万円
　年間800万の家賃収入
　1年目の追加経費　外壁塗装1000万円
　4年目の追加経費　配管修繕500万円　空室損200万円　の場合

また、家賃がずっと変わらないとは考えにくく、一般的には下落傾向にあるため、トライアングルの長辺は直線ではなく図㊱のように弧を描くとイメージしたほうがいいでしょう。

損益トライアングルは、家賃収入によって回収が進むイメージを表すシミュレーションのための道具ですので、実績との差を問題にするよりも、平均してどんな線を描いていくのかを予測しイメージすることが大切です。

投資の全体のイメージをつかむにはとても有効な手段となります。

●不動産投資成功への第三の鍵——物件の未来を見通す想像力

ここで、成功へのイメージとして、最後の鍵をお渡しします。

これまで見てきた2つの鍵について思い出してみましょう。

第一の鍵は「見えるお金と本当の損益を見極める目」

第二の鍵は「本当の損益と税務上の損益の違いの気づき」でした。

そして、ここでお渡しする第三の鍵は、「物件の未来を見通す想像力」です。

損益トライアングルと流通価格モデルを駆使して投資全体のイメージをつかむことで、未来を見通すことができるようになります。

私たち人間は、未来を正確に知ることはできません。

しかし、未来は現在から切り離されているわけではなく、現在の連なったものが未来を形作っていくわけですから、どのような変化があるのかを考えることはできるのです。

経済分野に限れば、過去から現在までの状態とそこから導き出される5年後、10年後の未来

図㉟　損益トライアングルは実際にはデコボコした形になる

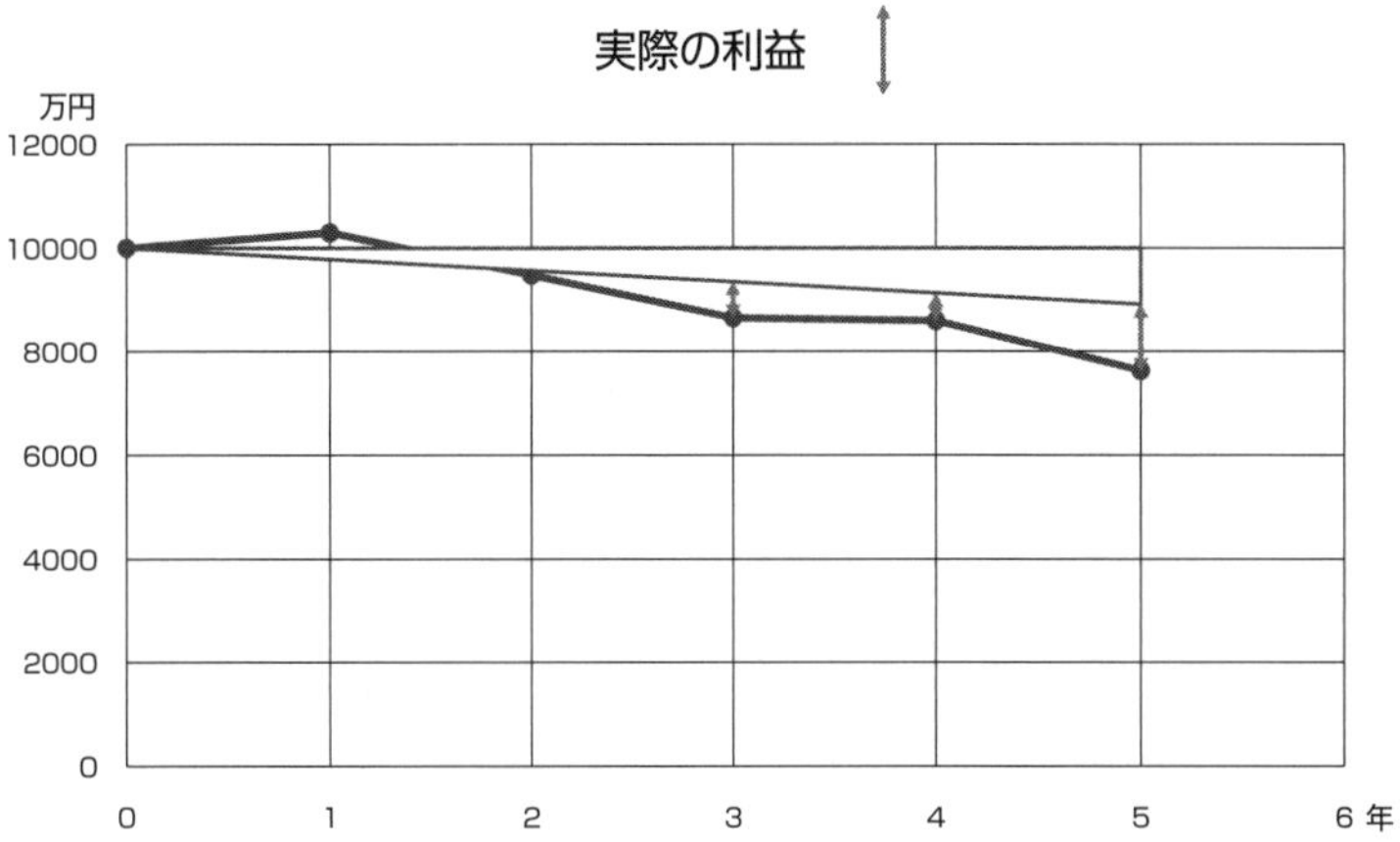

図㊱　家賃下落により損益トライアングルの長辺は弧を描く

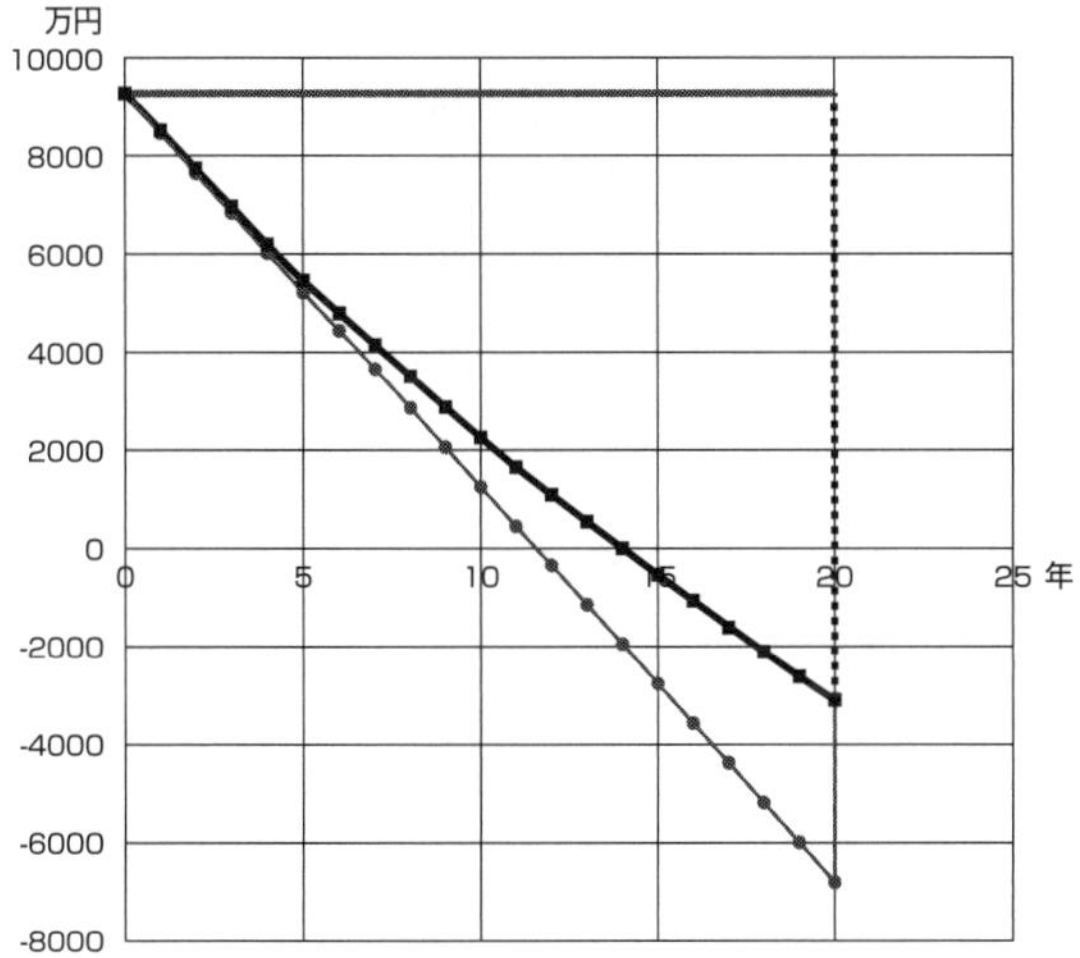

はまったく予測不能ということではないでしょう。

特に不動産に関する経済変動は、株式や為替の変動に比べればゆるやかで振幅が小さく、予測が容易な分野であると考えられます。

しかし、振幅が小さいからといって、変化がないということではありません。小さな変化でも年数が経過すれば大きな差がついてきます。

その小さな変化を理解し、5年先、10年先の損益を想像できる人と、小さな変化に気づかず目の前のお金に囚われてしまう人では、結果に思いもよらない差が出てしまうでしょう。

この変化をとらえるための手助けとなるのが、この流通価格モデルと損益トライアングルなのです。

もういちど整理しておきましょう。

不動産投資成功へのイメージを描くための3つの鍵は、次のようになります。

第1の鍵「見えるお金と本当の損益を見極める目」
第2の鍵「本当の損益と税務上の損益の違いの気づき」
第3の鍵「物件の未来を見通す想像力」

次章からは、この3つの鍵を使った具体的な投資手法についてお話ししていきましょう。

第6章　ゾーンで考える不動産投資　成功へのセオリー

　実際の物件の収益性から損益トライアングルの角度、大きさを決定し、その物件がどの流通価格モデルに当てはまるのかを選択していけば、不動産投資をしたときの損益がはっきり見えてきます。

　どんな場合にこの損益トライアングルによる比較検討が有効なのか、いろいろなケースを考えてみたいと思います。

●不動産投資の損益構造は利回りだけではわからない

　まず、需要増加、需要安定、需要低下の３つの地域の流通価格モデルに、ＲＣと木造の損益トライアングルを加えてみます（図㊲）。築年は10年と20年です。

　この３つの図では、損益トライアングルの角度、大きさはどれも同じにしてあります。つまり、利回りは同じという前提で、築10年と築20年の時点で投資し、所有期間はいずれも７年とします。

図㊲　築10年と20年の木造とRCを立地別に比べてみる

需要増加地域

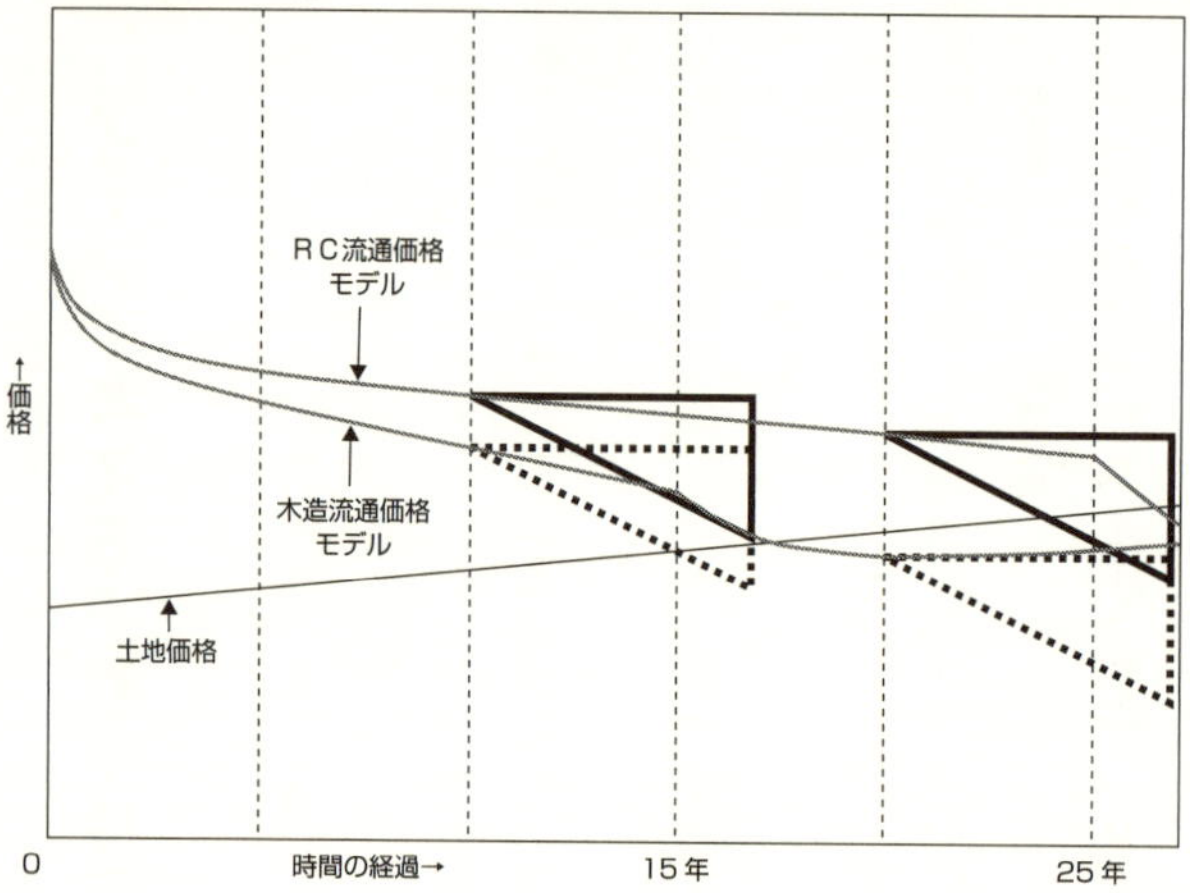

この条件で損益の順位をつけると、次のような結果になります。

1位　需要増加地域　築20年　木造
2位　需要増加地域　築10年　RC
3位　需要安定地域　築20年　木造
4位　需要安定地域　築10年　RC
5位　需要低下地域　築20年　木造
6位　需要増加地域　築20年　RC
7位　需要低下地域　築10年　RC
8位　需要増加地域　築10年　木造
9位　需要安定地域　築10年　木造
10位　需要安定地域　築20年　RC
11位　需要低下地域　築10年　木造
12位　需要低下地域　築20年　RC

あくまで流通価格モデルによる判断結果です

需要安定地域

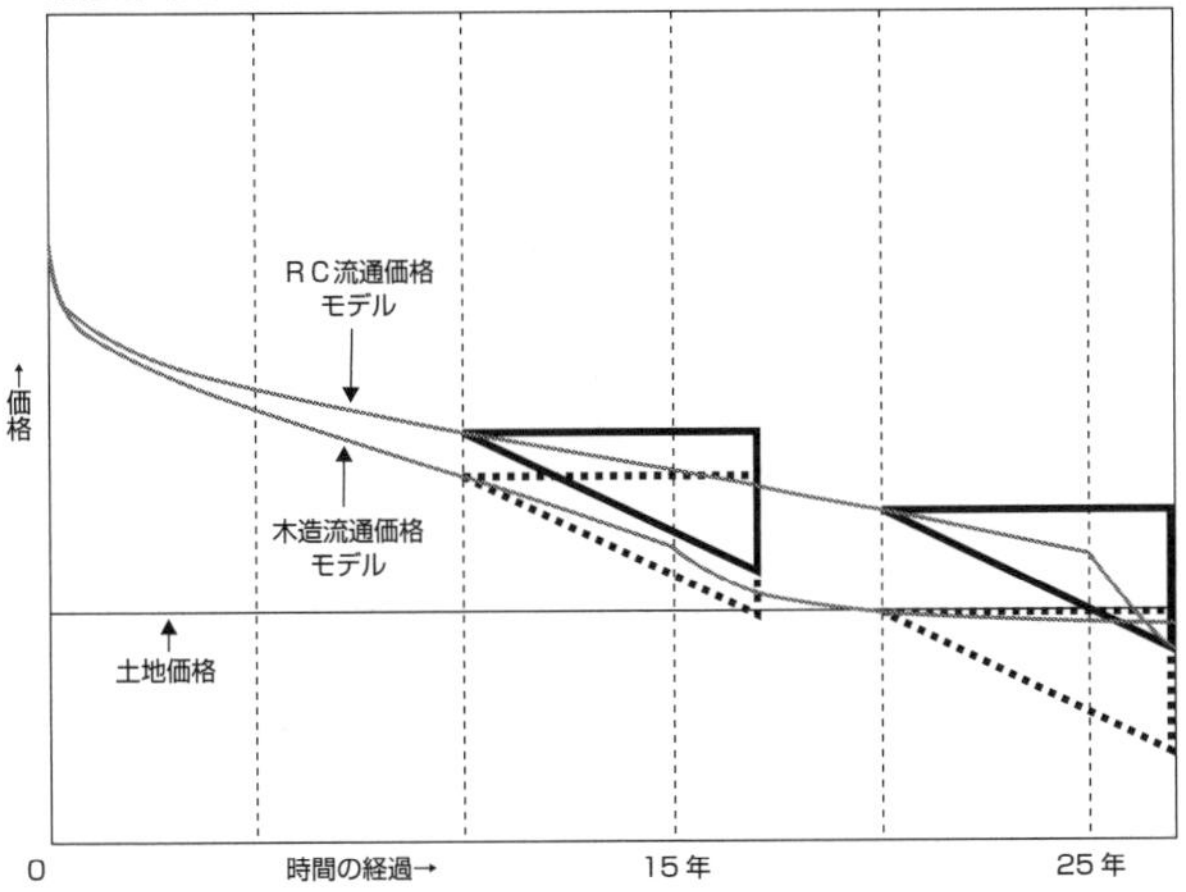

需要低下地域

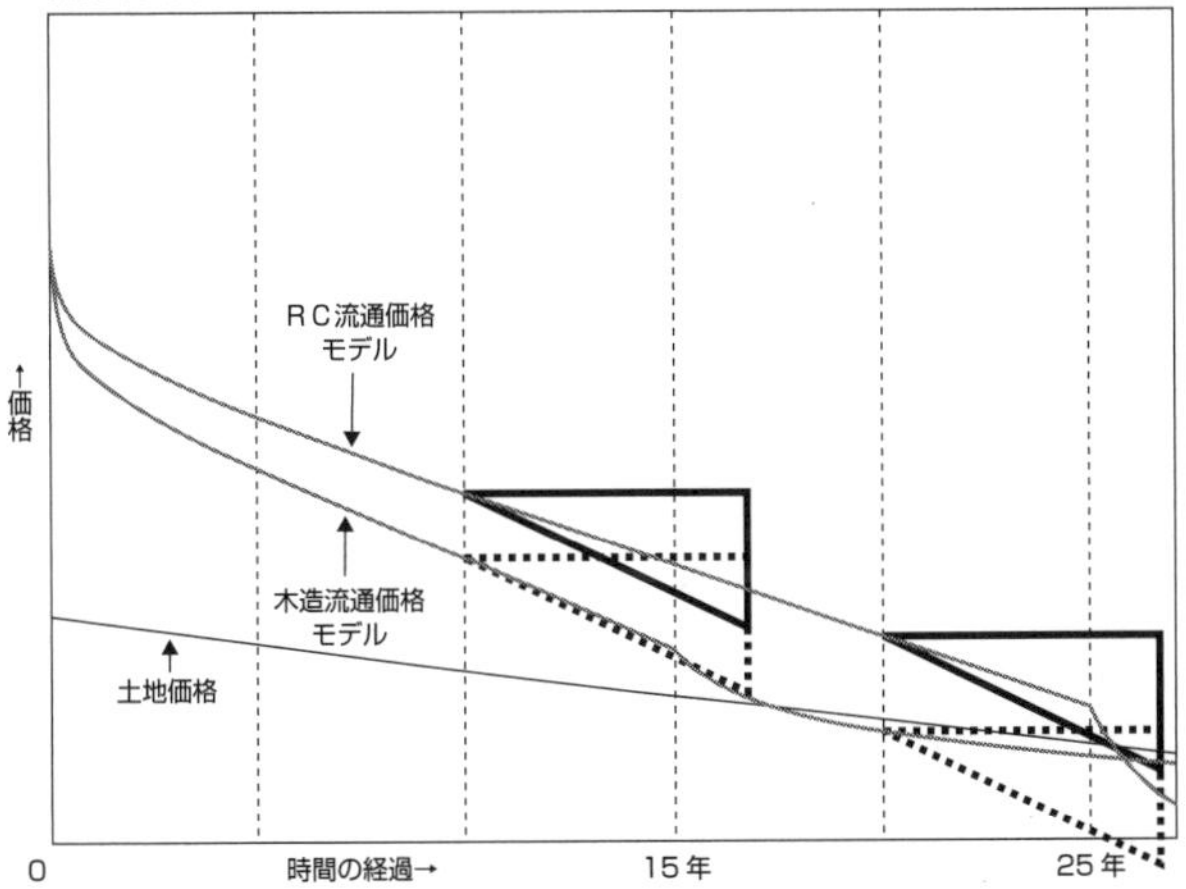

ので、前提が変わればこの順位は変わってきますが、一般的に言われている不動産投資のセオリーとは違った結果になっていることにお気づきでしょうか。

利回りは同じという前提ですから、一般的には需要増地域の築10年ＲＣが1位に違いないと大多数の人が考えると思います。しかしながら、このモデルで見ると同じ地域の築20年木造のほうが利益が多いように読み取れます。

もちろん、築古の物件になればなるほど残りの耐用年数が少なくなりますし、修繕費も多くかかるでしょうから、その分はマイナスしなければいけません。また7年という期間限定での比較ですので、長期所有の場合には結果が違ってくるでしょう。

そうしたことも頭に入れた上で、利回りだけに頼る投資判断とは違う結果になる場合があることを感じ取ってください。

また、同じ需要安定地域にあると仮定した築20年木造が3位で、築10年ＲＣが4位というのも、一般的な感覚とは違っているのではないでしょうか。

木造の流通価格モデルでは、築15年を過ぎると価格の下落幅が大きくなり始め、土地価格まで下落してその動きが止まるのが築20年時点としています。一方、ＲＣは築10年で購入した後もゆるやかに下落が続きます。

そのため、木造築20年の物件では損益トライアングルの高さがそのまま利益として確保できますが、ＲＣ築10年の物件はトライアングルの高さから価格下落分が差し引かれることになり

図㊳　築年数によって４つのゾーンに分ける（需要安定地域）

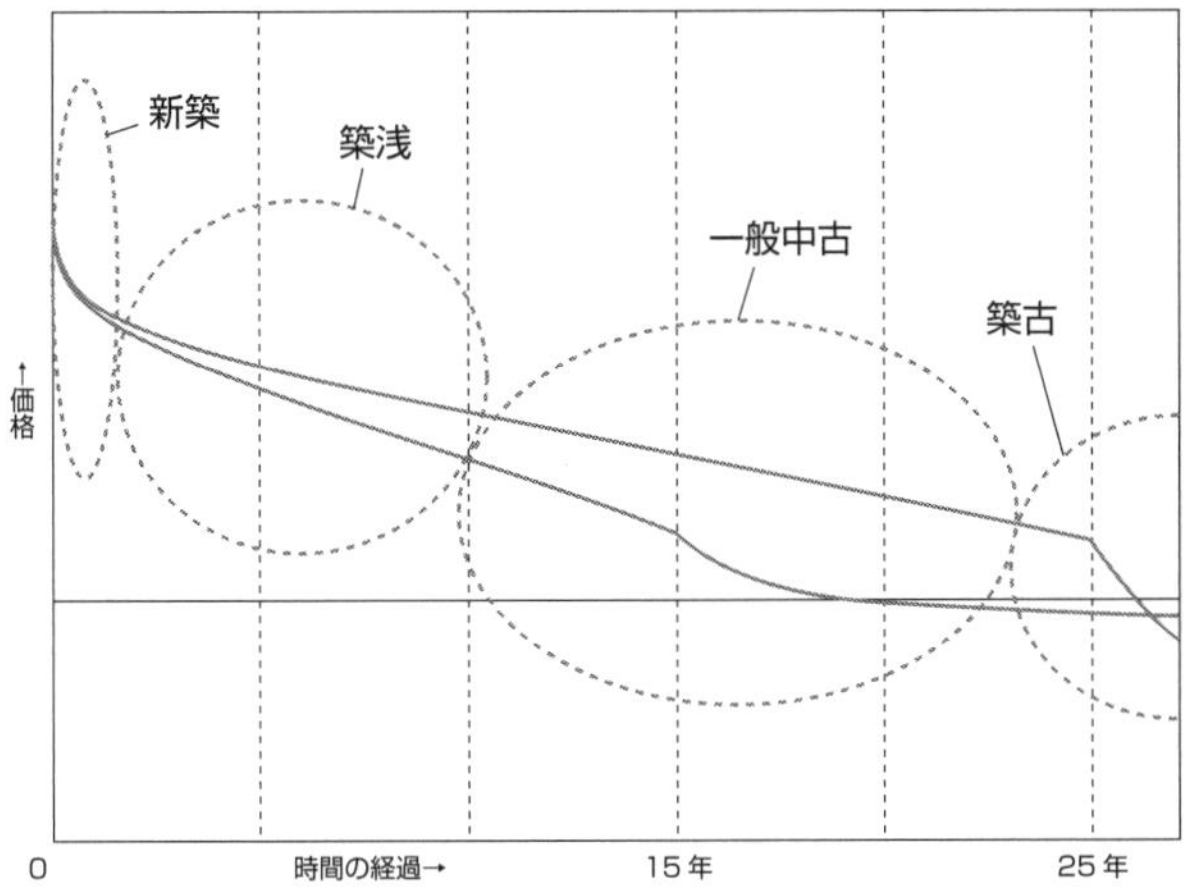

ます。その結果として、損益の順位が逆転しているのです。

　これも流通価格モデルの設定によって結果が違ってくるのでその点は考慮に入れる必要がありますが、単純に利回り、建物の構造、築年数だけで物件を比較するのは早計であることを理解するのにはとても有効なシミュレーションだと思います。

●築年数別の成功へのセオリーを探る

　では、損益トライアングルと流通価格モデルを使って、成功へのセオリーをイメージしていきましょう。

　まず、具体的、実践的な物件選定に役立つように、築年数によるゾーンを次の４つに分けます（図㊳）。

1　新築物件　　　新築
2　築浅物件　　　築10年未満
3　一般中古物件　築10年〜20年前後
4　築古物件　　　築25年〜

それぞれのゾーンで「成功へのセオリー」を考えていくことにしましょう。

❶新築物件ゾーン

●新築物件は購入すると急激に価格が下落する

新築物件の特徴は、購入時から数年間の価格下落が顕著であることです。

これは次の理由が考えられます

①新築収益物件の価格には売主の売却益が含まれている

不動産投資用の収益物件、たとえば首都圏、大都市圏の区分所有物件や一棟売りのアパート、マンションは、新築デベロッパーや建売販売業者などによって企画、販売されています。

特に新築区分所有の投資用マンションは過度なセールスも散見され、問題となるケースも後を絶ちません。なぜ過度なセールスが繰り返されるのか、その一因として販売員に支払われる高額なインセンティブがあります。

こうした物件の場合、販売員に高額なインセンティブを支払いながらも事業者は販売することによって利益を上げることが必要になりますから「販売員へのインセンティブ＋事業者の利益」が加算され、高めの新築価格が成立することになります。

しかし、このような新築物件がなんらかの理由で購入直後やほんの数年で売却されるときには、通常の仲介物件として扱われるため、新築の際の過剰なセールス手法で高く販売されることはありません。

そのため、インセンティブや事業者の利益分は剝げ落ち、市場での評価は収益物件としての採算性をもとに形成されることになります。

②新築プレミア家賃から通常家賃への移行期にあたる

新築時の販売員へのインセンティブや事業者の利益を加えて割高に売却しようとしても、収益物件として販売するかぎり、その採算性、端的に言うと最低限の利回りを確保しておかなければ売れ残ってしまうでしょう。

新築区分所有のセールストークとして有名なものとして、「1日1杯分のコーヒー代でマンションが入手できる」という古典的なフレーズがあります。

ローンを組んで新築物件を購入した場合に、もしそのローンの支払いが家賃収入で賄えなかったとしても、1日コーヒー1杯400円として30日間で1万2000円を自己負担すれば、1カ月分の返済ができるという意味です。

その負担が30年35年と続くわけですが、一応計算上は成り立つことになっています（さらに年月とともに家賃収入が下落する可能性があり、そうするとコーヒー1杯分の自己負担では足りなくなりますが、セールストークですからそこには触れません）。

もう少し利回りに余裕があれば、1日1杯のコーヒー代なしで、つまり「自己負担なしで、家賃収入ですべて返済できる」ということになりますし、さらに利回りが高くなれば「キャッシュフローも確保できる」可能性も出てきます。

このように「コーヒー1杯の自己負担で」から「キャッシュフローも確保できる」まで、購入後シミュレーションには幅があるものの、収益物件として販売するためには最低限確保しておかなければならない利回りのレベルがあります。

たとえば、都心のRCマンション区分所有で1日1杯のコーヒー代くらいを自己負担するなら、表面利回りで6％は確保したいところです。1棟もの木造アパートでキャッシュフローをプラスにするなら、同じく表面利回りで8％は必要になるかもしれません。その利回りが確保できるとした上で、それを前提にシミュレーションを組み立てていくわけです。

そのシミュレーション通りであれば、本当に儲かっているのか損しているのかという問題は別として、「こんなはずではなかった」ということにはならないでしょう。

シミュレーション通りになるためには、「当初設定した家賃が今後も継続」され「ほぼ絶え間なく入居者が確保できる」ことが前提となります。ところが実は大半の物件はそうならないことが多いのです。

その原因は「新築プレミア家賃」にあります。

隣接するマンション、同じ間取りで新築と築3年の物件があったら、あなたはどちらを選びますか。もちろん新築ですね。二者択一で間違いなく新築が選ばれるということは、新築は商品価値が高いということです。つまり新築は同じ立地、間取りであっても家賃は高くできるということです。

この家賃が「新築プレミア家賃」であり、一般的な家賃との差額が「新築プレミア」です。この新築プレミアはもちろん新築のときしか生じません。最初の入居者がそのまま、10年、20年と入居し続けてくれれば、ずっとプレミアをもらい続けることができますが、平均的には3年前後で退去するものです。その際、「新築プレミア家賃」で募集したとしても新築の価値はないため、結局プレミア分を減額した通常の家賃で決まることになるでしょう。

シミュレーションでは「当初設定した家賃がその後も継続」されることになっていますが、その前提が変わってしまいますので「こんなはずではなかった」ということになるのです。

そして、この新築プレミアの喪失は利回りの低下を引き起こします。収益物件の評価で最も重視されるのは利回りですから、利回りの低下はすぐに流通価格の低下につながっていきます。

このように、①②を主因として新築時から数年間の価格下落が大きくなり、この現象が流通価格モデルでは新築（0年）から数年の急激な価格下落として表されています。

●新築物件　成功へのセオリー

とてもネガティブな話になってしまいました。これでは「新築物件には投資しても儲からない」と思われる方も多いのではないでしょうか。

確かに、過剰なセールスで販売されている新築物件で成功することは非常に困難だと思います。しかし、一般的に言って、新築物件には良い点もあります。

①建物、設備に一定の保証期間があるため、修繕費などの急な出費のリスクが少ない
②設備は最新のもので、陳腐化していない
③立地、ニーズがよく吟味され、それに沿って建設されたものであれば、安定した入居率が見込める
④以上の理由によって、10年程度の家賃、入居率について精度の高い予測が可能になる

このような点を考慮すると、新築プレミアだけに頼らず的確にシミュレーションされたプランであれば、新築物件に投資した場合の予測の精度は非常に高くなります。一般的な商売で考えれば、「売上げ」と「費用」がとても正確に予測できるということです。

売上げ予測が正確であれば、投資金額との対比で利益の大きさもわかってきますね。不動産の場合は物件価格の動向（流通価格モデル）を考慮しなければなりませんが、それでも売上げ（家賃収入）の見通しが立てやすいのは大きなメリットになります。

では、新築物件の不動産投資で成功するにはどうしたらいいのでしょうか。

それは10年程度の賃料収入、費用を精度高く予測し、その収入から逆算して「いくらまでの物件だったら投資として成立するのか」を把握した上で、それに基づいて確実に成功が見込まれる物件を見つけることに尽きます。

●成功する新築物件を入手する方法

それでは、投資として成功する新築物件、具体的には10年間の収支見通しから確実に利益が見込める新築物件を手に入れる方法を探っていきましょう。

方法は2つあります。

①新築物件を自分で作り出す

新築デベロッパーや建売販売業者から新築物件を購入する場合、その物件には当然のことながらその業者の利益が上乗せされてきます。ですが、自分で土地を購入しその土地に物件を建てれば、業者が上乗せする利益分だけ割安にできる可能性が出てきます。

もちろん建築は建築業者さんに依頼しますので、建築業者さんへのマージンは支払うことになりますが、業者の選定や建築プランによって、コストパフォーマンスの高い建物を建てることも可能になります。また、デベロッパーや販売業者の扱う物件につきものの販売経費も節約できますので、その点もコストダウンにつながります。

このように、中間マージンを極力減らすことによって、完成された物件を買うより安く物件を入手することができます。精査された賃料収入の予測とコストダウン後の投資金額を比較検討し、それが投資として成立するときには勇気を持って実行すれば良いのです。

詳細については、『儲かる新築アパート・マンションの作り方』（筑摩書房刊　共著）などを参考にしていただければ幸いです。

②新築物件の中で「成功する」物件を見つけ出す

土地探しから始めて新築を自分で作るには、土地の評価から建物の建て方、コストなどの知識が必要になりますので、敷居が高いと感じる方も多いのではないでしょうか。

一方で、新築業者の物件はマージンが乗っているし、新築プレミア家賃で計算されているのであれば家賃下落も大きくなるかもしれません。そうすると新築で成功するのは大変ではないかと思われるでしょう。

確かに、新築ですぐに買えるような物件は、「高いマージンが含まれ」「新築プレミア家賃で利回りが計算されている」可能性が高くなります。

でも、よく探していけば、新築業者さんの物件でも、とても良いものがあります。良い物件とは「新築にまつわるマイナスの要素がないもの」ということです。つまり、

・新築業者さんのマージンが小さい
・新築プレミア家賃で利回りが計算されていない
（初めの入居者が退去したあとの募集家賃で計算されている）
・適正な利回りが確保されている

といった物件です。

でも、実際にそんな物件があるのだろうか、と半信半疑の方がほとんどでしょう。確かにいつでも買えるようなもの、過剰なセールスがされているものの中にはないでしょう。

実は、このような良質な物件も実際にあるのですが、企画段階で売れてしまうため、一般の投資家は出会うことが難しい状態になっています。

ですから、投資家が自ら、そのような物件を企画販売している業者を探し出して、あらかじめ購入の意思を伝えておく必要があるのです。

でも、本当にそんな企画をする業者がいるのかと、まだ疑問に思われるかもしれませんね。

もちろん、業者さんもボランティアで物件を販売するわけではありません。物件を高く販売できればそれだけ利益が増えますので、新築プレミア家賃で見た目の利回りを良くして販売するというのは、営利企業として当然の行動でもあるでしょう。

実は、新築プレミア家賃ではなく保守的な家賃で計算する業者さんの側にも、そうするだけの理由があるのです。

●新築物件の販売業者には狩猟民族と農耕民族がある

新築を販売する業者さんには、大別すると2つのグループがあります。

「売却益で収益を上げる業者」と「売却したあとの募集、管理で収益を見込む業者」です。

この違いは、狩猟民族と農耕民族をイメージしてもらえればわかりやすいかもしれません。

狩猟民族は狩りによって生計を立てますね。獲物がいて猟ができればそれでいいので、獲物がいなくなれば移動も厭わないでしょう。

一方、農耕民族は田畑を耕して毎年の収穫で生活します。農作物が取れるのであればずっと同じ場所に定住しています。

これを新築販売業者さんに当てはめると、狩猟民族は売却益で収益を上げる業者です。物件を高く売れば売るほど利益も大きくなります。ですから新築時の家賃設定は家賃プレミアを最大限に加え、見かけの利回りを大きく見せることによって物件を高く売ろうとします。

一方、農耕民族は募集・管理で収益を上げる業者です。

年間の利益は小さくても、入居者が継続して見つかり、大家さんの信頼を勝ち取ることによって募集・管理を継続して任せてもらい、毎年着実に収益を上げることを目的としています。

そのためには、安定した入居率と家賃レベルの維持が必要です。しかし、新築の企画段階で新築プレミアを加えた家賃で収支や利回りを計算してしまうと、数年後の入れ替え時には家賃を大きく下げることが必要になり、大家さんの信頼を損なうことになってしまいます。

そこで、募集・管理で長期的な収入を得ることを目的とする業者は、新築プレミアでの家賃設定を避けて保守的な家賃で手堅い収支を提案してくる傾向があります。

このような農耕民族的な業者さんにとっては、入居率と家賃の維持が自らの利益につながります。もちろん投資家にとっても、同様にそれが利益となってきます。

つまり、双方の利害関係が一致する良い関係が成立することになるわけです。

狩猟民族的な業者さんの物件がすべてダメだとは言えませんが、農耕民族的な業者さんの企画物件のほうが「成功する」可能性は高いのです。

ただし、このような業者さんは募集・管理が主体で新築物件の販売がメインではありません。本当に自信のあるものしか企画しないので、数多くの物件が出回るわけではありません。

そのため、企画段階で売れてしまうのです。

●新築プレミアを除いた流通価格モデルとは

さて、新築プレミア家賃を元に利回りや収支を計算して販売価格を設定した場合と、数年後の通常家賃を元に価格設定した場合では、流通価格モデルが大きく変わってきます。損益トライアングルと流通価格モデルを使って確認してみましょう。


図㊴では、2つの流通価格モデルを作ってみました。

1の流通価格モデルは新築プレミアを乗せた家賃を元に価格設定をしているため、購入当初の価格の下落が大きくなっています。

一方、2では新築プレミア分が上乗せされていないため、当初の大きな下落もなく、一定の傾斜でゆるやかに価格が下がっていきます。

これに、1、2どちらも同じ利回りのトライアングルを組みこんでみました。

1の一般的な流通価格モデルでは当初の価格下落が大きいため、利益を確保することが難し

図㊴　新築プレミアは流通価格に大きく影響する

1　新築プレミア家賃を元に価格設定した物件の流通価格モデル

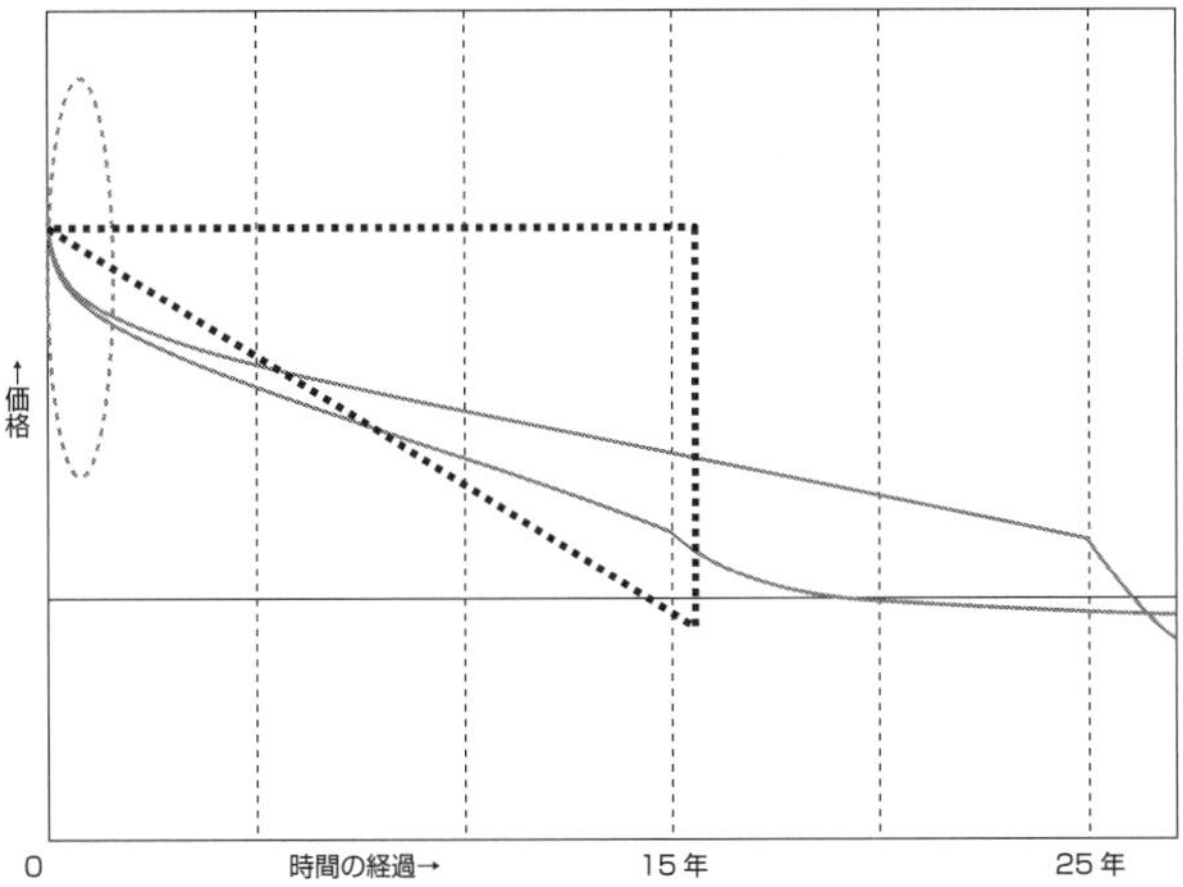

2　数年後の通常家賃を元に価格設定した物件の流通価格モデル

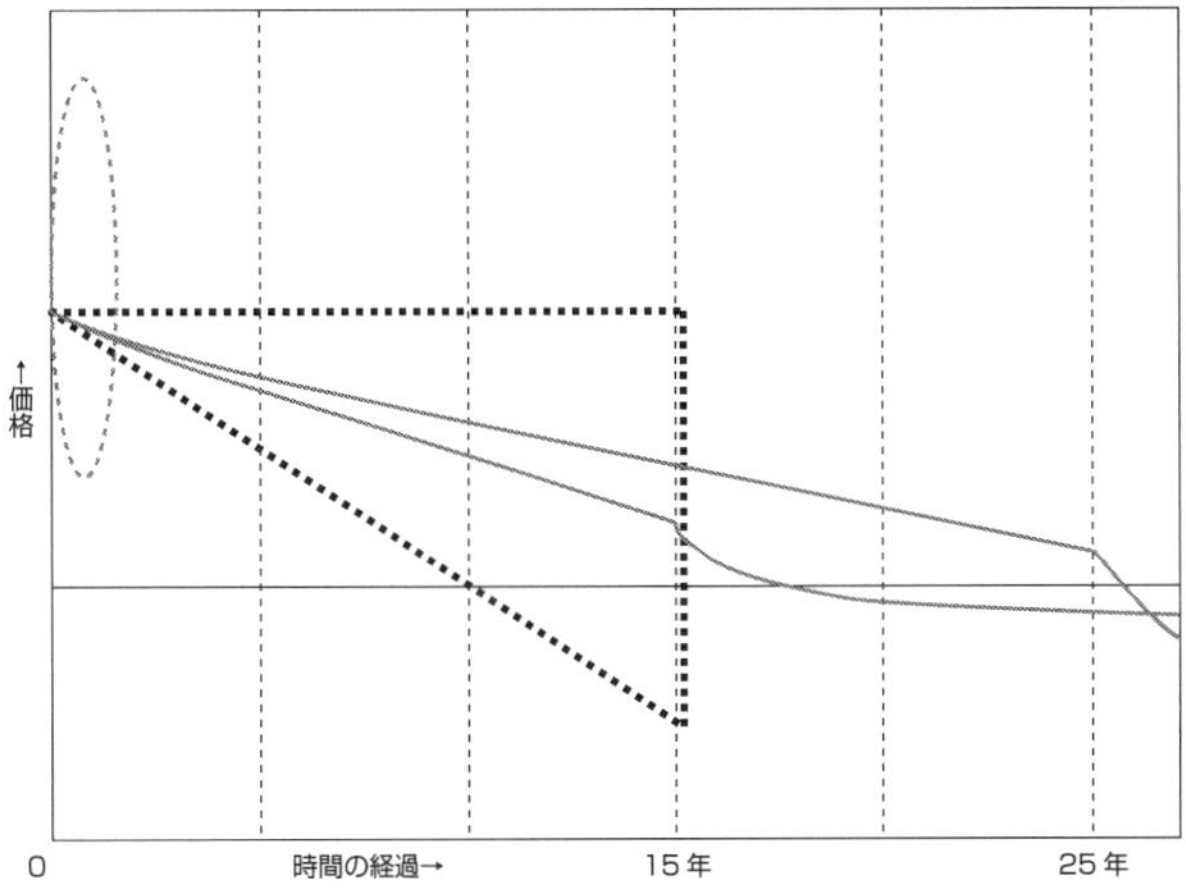

いのですが、2のように急激な価格下落が発生しなければ一定の利回りを確保して、確実に利益を得ることが可能になってくることがわかります。

ひとくちに新築といっても、販売員へのインセンティブ等が価格に乗っているかどうか、新築プレミア家賃を元に収支計算をしているかどうかで、大きく変わってくることがおわかりいただけたでしょうか。

※この図ではトライアングルは同一にしてありますが、1のトライアングルは新築プレミアが消失した段階で長辺の傾きが小さくなるため、2のトライアングルに比べて損益はさらに悪化することになります。

誰も教えない不動産投資の真実 1

知らないと危険 新築物件家賃設定のカラクリ

米国不動産経営管理士
亀田征吾

では、新築時の設定家賃が適正であるかどうかを、どうやって見抜けばよいのでしょうか？よくあるケースを例に確認していきましょう。

◆新築物件購入を検討中のA県在住のDさんの場合

Dさんは以前から不動産投資をしたいと思い手ごろな物件を地元で探していましたが、ある日、A県内のα駅から徒歩10分のところに新築1棟売りアパートを見つけました。

1K20㎡が10戸、利回りは表面で8％ということで、Dさんが探していた条件にあてはまります。また、α駅はA県の中心駅まで3駅7分のところにあり、若年層が多いことから単身需要もあり好立地といえます。

これはいい物件かもしれないと思い、さっそく販売を手掛ける建売販売業者に問い合わせをしてみると、

「アベノミクスの影響でここ1年は新築の需要が高まり土地値が高騰しています。それを考えると現在では希少価値の高い物件ですよ。入居需要も将来的にも安定していますし、しかも新築ですからね」

と説明されました。

確かにこれだけの立地で売りに出ている物件は皆無だし、利回りも8％ある。これは買うべきかもしれないと思いましたが、念のため家賃を調査することにしました。

早速、Dさんはインターネットで「A県　α駅　賃貸　1K」と検索し、いくつか出てきた賃貸物件のポータルサイトの中から上位にあった大手ポータルサイトを選び、物件の詳細を入力してみました。

駅：「α駅」
駅までの距離：「徒歩10分以内」
専有面積：「20㎡」
間取り：「1K」
築年数：「新築」

検索の結果、ヒットした物件の家賃とは1000円〜2000円の幅はあったものの大差はないと判断し、購入を決意しました。

Dさんは物件を購入したあと、本当に問題なく家賃収入を確保することができるのでしょうか？

●家賃は何を根拠に形成されているのか

家賃が適正かどうかを知るためには、家賃設定の根拠、つまり何を基に家賃が決まるのかを知っておく必要があります。家賃を形成するものとして次のような項目が考えられます。

①建物の構造（RC・木造等）
②場所　鉄道の沿線か否か。最寄りの駅はどの駅か、駅までの距離はどのくらいか

③広さ
④間取り
⑤設備
⑥周辺環境
⑦築年数

まだまだありますが、ここではこの7項目に絞ってお話をします。

①建物の構造

ご存じのように日本の集合住宅は、地域にもよりますが一般に、RCや鉄骨造のものはマンション、木造はアパートと呼ばれます。建築費用が違うこともあり、当然ながらマンションとアパートでは家賃が違ってきます。

②場所

鉄道の沿線かそうでないかによっても当然に家賃は変わります。もちろん車通勤が大半を占める地域等では該当しないケースもありますが、ここでは電車通勤のニーズがあるエリアであることを前提とします。

そして需給バランスにもよりますが、一般的には中心地に近いほど家賃は高くなり、離れるほど家賃は下がる傾向にあります。

さらに、駅まで徒歩5分の物件と10分の物件、15分の物件とでは電車通勤をする人の目線でいくと当然に価値（家賃）は変わります。

③広さ

ここで平米数ではなくあえて「広さ」と書いているのには理由があります。それは平米数だけで物件の優劣を判断するケースが非常に多いのですが、実際に使用する入居者が感じる広さと平米数は必ずしも一致しない場合があり、実感による「広さ」が入居率を左右することがあるからです。

実際に同じ平米数でも、物件企画者または設計士によって随分と物件の間取りは変わりますし、それによって入居者が体感する広さも変わってきます。ここは重要な点ですが、まだ気付いていない大家さんも多いため、こまかく実例を見ていきたいと思います。

たとえば1K20㎡の部屋があった場合、つい同じような間取りだろうと思ってしまいがちですが、同じ平米数でも居室部分が6畳の部屋もあれば7・5畳の部屋もあるのです。

実例を見てみましょう。図㊵のAとBという間取りの部屋がほぼ同じ立地にあり、同じ家賃だ

図㊵　実際に入居者が使用できる広さがどれだけあるか

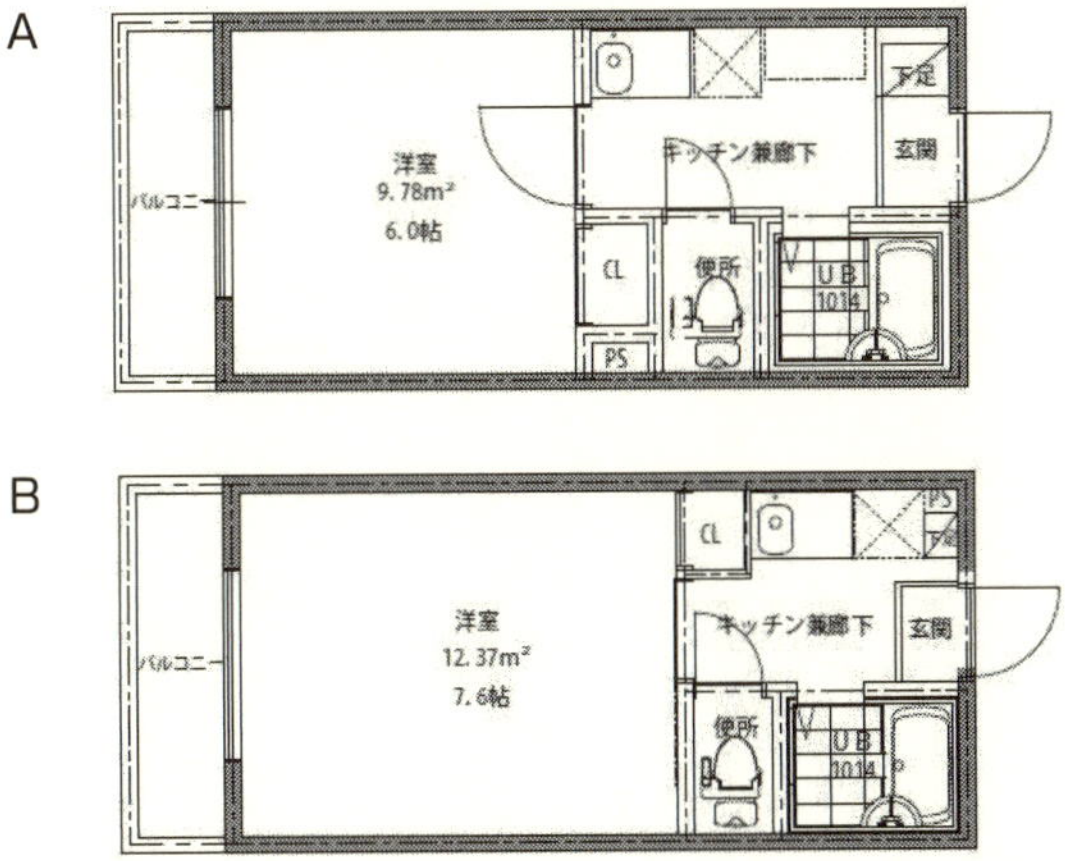

った場合、あなたが借り手ならどちらを選びますか？

　大半の方はBを選ぶのではないかと思います。この例からも分かるように平米数だけで判断するのではなく「実際に使用できる広さがどれだけあるのか」を見ていくことが重要なポイントになります。

　先ほどのDさんは20㎡で検索して実際の家賃を確認したのは良かったのですが、周囲にある複数の物件の間取りと実際の広さがどれだけあるのかまでひとつひとつ確認し、比較検討する必要があったのです。

　万一、それを比較検討しないまま購入してしまい、実際に使用できる部分の広さが周囲の物件よりも狭かった場合、新築プレミアが消滅する数年後にはどうなるのか……と思うとぞっとしますね。

④間取り

次に、同じ平米数で、同じ「広さ（実際に使用できるスペース）」なのに、入居率や家賃に差が出るケースを見てみましょう。これは間取りの「使い勝手がいいか悪いか」の問題です。

たとえば同じ平米数の1Kだったとしても広さ（実際に使用できるスペース）以外で家賃に大きく影響を受ける部分があります。図㊶を参照してください。

この2つの部屋は、平米数・家賃は同じ、間取りも1Kです。あなたが部屋を探しているとしたら、どちらの間取りを選びますか？

こちらも大半の方はBを選ぶのではないかと思います。大きな違いは独立洗面脱衣所があるか否かです。大家さんにすれば、入居者は一人暮らしの人が大半だから、独立した洗面脱衣所はあまり重要ではないと思いがちですが、意外とこの点をチェックしている人も多いことを頭に入れておきましょう。

ここ数年の新築で洗面脱衣所なしの物件はあまり見なくなりましたが、地域によってはまだまだあるようです（ただし都内の一部の立地によっては需要が大きく、新築で洗面脱衣所がなくても特段の影響を受けない場合もあります）。

図㊶　間取りの使い勝手がいいか悪いか

A

B

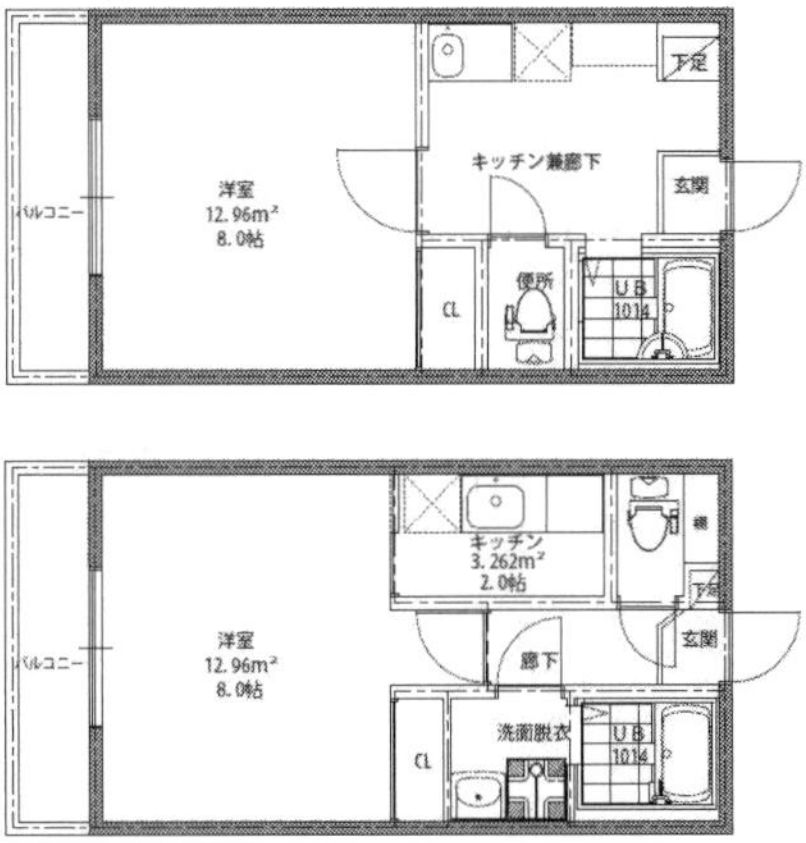

もうひとつ、水回り（キッチン、トイレ、浴室、洗面所）の配置が違っている間取りを比べてみましょう。図㊷なら、ＡＢどちらを選ぶでしょうか？

見た目はあまり変わらない感じもしますが、どこが違っているか見分けられるでしょうか。

実は最近の新築物件に最も多く発生しているのに、調べても聞いてみてもわかりにくい落とし穴はここにあるのです。

Ａは洗面台もありますし、脱衣所としても使えて一見問題なさそうです。しかしそのスペースをトイレと共有していることに着目するとどう見えるでしょうか。脱衣所使用時には別の人がトイレを使用できないことになります。一方のＢはトイレが別に独立しており、その問題は起こりません。入居者目線で見ると大半の方はＢを選ぶのではないでしょうか？

図㊷　脱衣所が独立して使えるかどうか

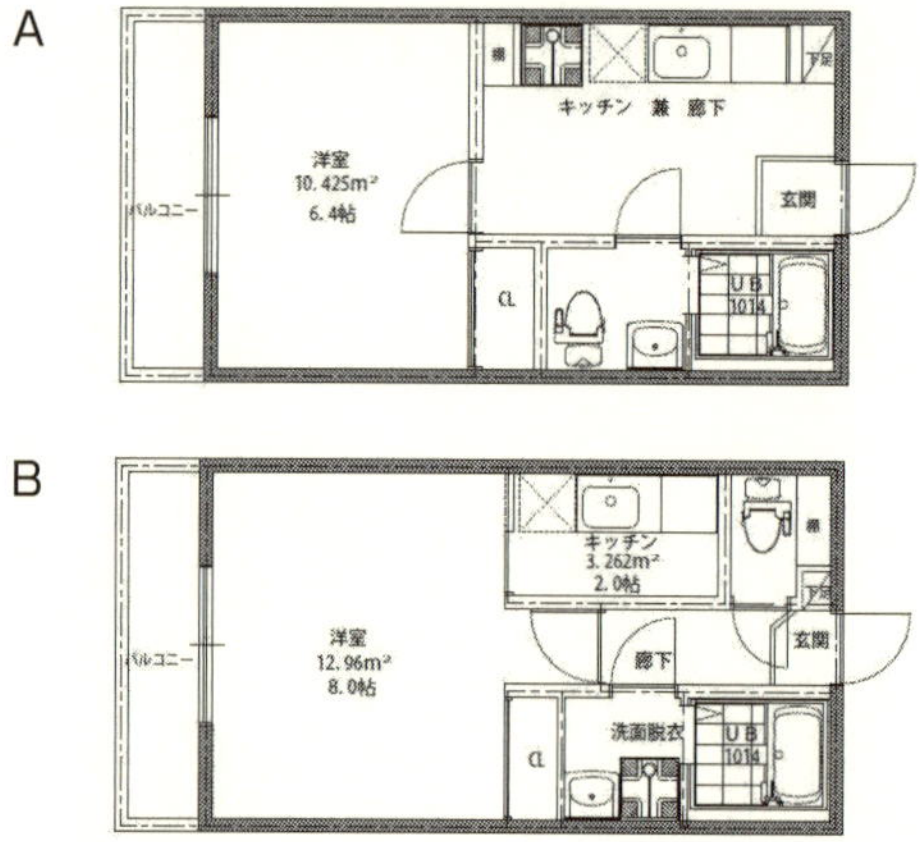

つまりＡとＢが同じ家賃である場合、入居者から見れば当然にＢのほうが価値が高く、Ａには家賃下落の要素が含まれていると考えることができます。また地域によって完全な洗面脱衣所のある物件が皆無のところもあるので、その場合は逆にＢに家賃上昇の要素が含まれていると考えることもできます。

次に、もう少し平米数の大きい30平米程度のものについて、間取りの実例を見ていきましょう。

図㊸は、Ｂ県の中心駅から徒歩15分にある、平成19年築のＲＣ造、平米数は31～33平米、新築時の家賃は６・８万円だったＡＢ２つの物件です。

同じ時期に同じような立地に建てられ、同じ家賃でスタートしたこの２つの物件ですが、７年後の家賃は図㊸のようになりました。

図㊸　間取りの使い勝手によって家賃は大きく変わる

A

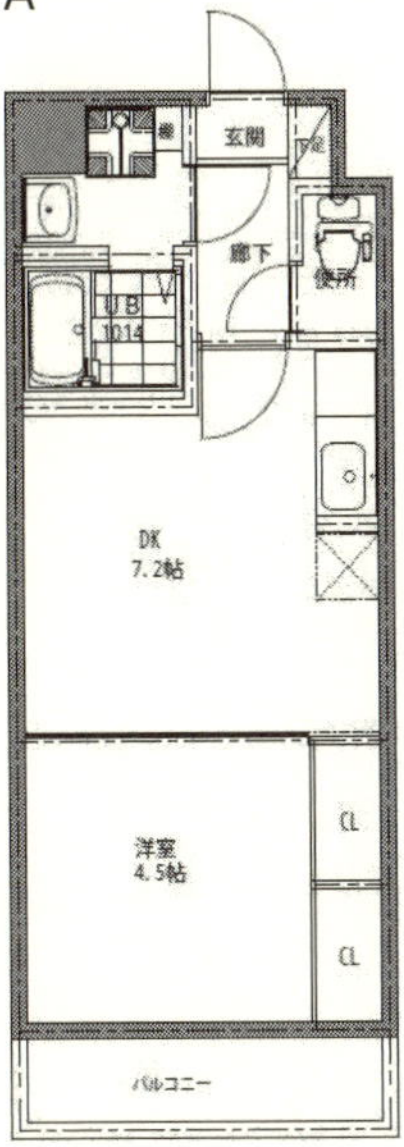

B

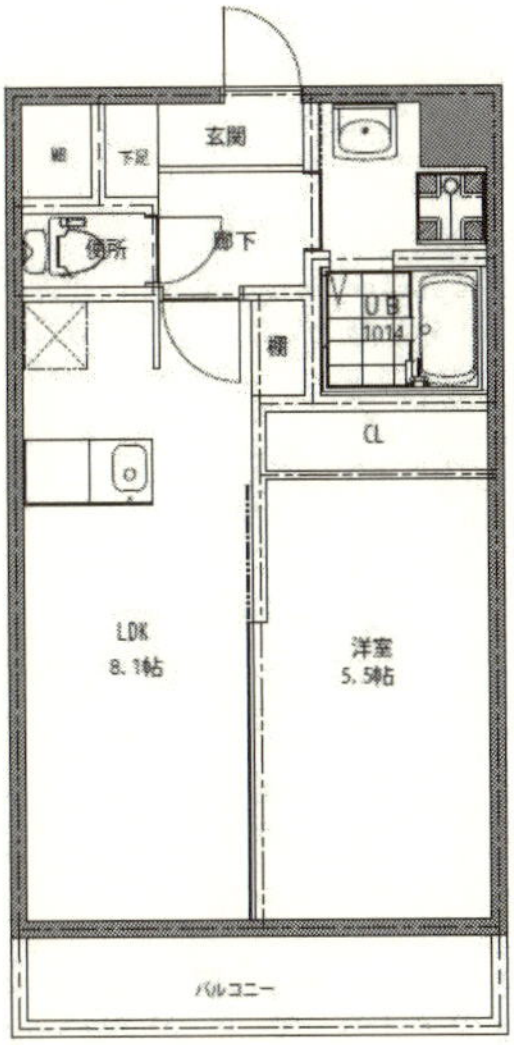

	新築当時の賃料 （平成 19 年）	現在の賃料 （平成 26 年）
物件A（31m²）	6.8万円	6.3万円
物件B（33m²）	6.8万円	6.8万円

同じ場所、同じ時期ほぼ同じ平米数でありながらどうしてこのように差がついたのでしょうか？ ポイントは2つです。

a　ほぼ同じ平米数なのに、Aは1DK、Bは1LDKとされること。

注：ここでのLDKの定義は8畳以上とします（一般の賃貸物件の検索サイト等で使用される、公益社団法人首都圏不動産公正取引協議会の発表内容による）。

賃貸物件の検索サイトや不動産仲介業者などでは、LDKの定義が「8畳以上の広さがあること」としているところがあります。つまり部屋を探している人が1LDKという条件で検索した場合、Aは該当物件として表示されないために機会を損失している可能性があるということです。

b　ほぼ同じ平米数なのに、Aは縦に長く、Bは横に広い物件であること。

物件の全体的な形を見ると一目瞭然ですが、Aは縦に長く、Bは横に広くなっています。

必然的にAは部屋を横割りにしていかなければならず、開口部に接しているのは4・5畳の洋室のみになります。それに対してBは開口部が比較的広いため部屋を縦割りにして、5・5畳の洋室とLDKの2室にどちらも光が直接入る間取りとなっています。

部屋の開放感や、それぞれを独立した部屋として考えた場合の使い勝手、家具・家電製品などの配置のしやすさを考えたときに、あなたならどちらの間取りを選びますか？　大半の方はBを選ばれるのではないでしょうか？

実際にこの2つの例では、新築からちょうど2年半後に最初の入居者が退去すると、Aの物件の家賃が下落し始めました。

お気づきのように、ここまでお話ししてきた家賃形成のポイントや見極め方は、新築のみならず中古物件にも応用できるものです。ただし、中古物件の場合には、今の新築物件のトレンドを軸に考えていくと当然に見劣りする部分が増えてきますので、それとは別の起点を軸に判断をしていかなければなりません。

⑤設備

大きな傾向としていうと、賃貸住宅の設備は年々グレードアップしています。コストをかけてグレードの高い設備をいれても家賃に反映されにくいものもありますが、ここでは特に家賃に影響を与えやすいキッチンについてお話しします。

賃貸住宅のキッチンは、幅が90㎝、120㎝、150㎝、180㎝といった決まったサイズの既製品を使用することが大半です。コンロが組み込み型（システムキッチンのようなもの）か持ち込み型か、電気コンロか、IHコンロか、ガスコンロか、さらにコンロが1口か2口か3口かなど、細かく分かれます。当然に設備が良くなるほどコストも上がっていきます。

たとえば、同じ家賃で同じ広さのAB2つの物件があったとして、次のような具体的な設備の違いをイメージしてみてください。

物件A：キッチンの幅が90㎝でガスコンロが1口

（小さな流し台があってまな板を置くスペースがなく、1口のコンロがついていることを想像してもらうとわかりやすいかもしれません）

物件B：キッチンの幅が150㎝でガスコンロが2口

（そこそこ洗い物ができる流し台があってまな板を置くスペースもあり、2口のガスコンロがついていることを想像してください）

物件Aと物件B、皆さんが入居者だとしたらどちらを選びますか？

今後いっさい料理はしないと固く心に決めている人を除いて、大半の方は物件Bを選ぶのではないでしょうか？

少し前まではキッチンを重要視するのは女性だけという考え方が強かったのですが、最近では「中食《なかしょく》」（出来合いの物を買って家で簡単に調理すること）や「自炊男子」という言葉が一般的になってきたことからも、キッチンの重要性が大きくなっていることはおわかりいただけるのではないかと思います。

また選ばれなかった物件Aはその後どうなるのでしょうか？　物件競争に敗れて、なかなか空室が埋まらず家賃を下げることも検討しなければならなくなる……という可能性も考えられます。新築の供給が少ない地域ではこの限りではないこともありますが、日本の人口が減少に転じた今、最低限度良いものを導入しておく必要があるのではないでしょうか。

⑥周辺環境

周辺環境というと、まずはコンビニやスーパーなど日常の買い物をする場所が近くにあるかどうかを見ることが一般的ですが、ここではそれ以外の点にも注目してみたいと思います。

a　坂道

たとえば駅まで徒歩10分の物件があったとします。その道のりが平坦地の物件と傾斜地の物件があった場合、どちらを選びますか？

大半の方は平坦地の物件を選ぶのではないでしょうか？　車を使わない入居者層を対象とした場合、傾斜地の物件は敬遠されやすいものです。もし傾斜地の物件を差別化しようとするなら、まずは家賃差をつけるのがいいかもしれません。それ以外にも、住居対象者や用途を変えるなどの手法が考えられますが、ここでは詳細には触れずにおきます。

b　線路沿い

ここでいう線路沿いとは本当に線路に接していることをいい、特にバルコニーや窓に面して線路があることを指しています。

皆さんが部屋を見に行ったことを想像してみてください。

新築という説明を聞き、期待を胸に現地に足を運びました。たしかに汚れのない外観を確認し、部屋の扉をあけると、そこには未使用のまっさらな空間が広がり、ほのかに新築の香りが漂います。気持ちが高揚するのを感じながら奥に進みバルコニーを開けると……。

「ガタン、ガタン」

「えー、こんなに目の前を電車がとおるのですね」

「え？　なんですか？」

「線路が、目の前、ですね！」

「は？　もう一度、大きな声で、言ってください」

極端な話、線路沿いの物件は電車が通ると騒音で会話ができないことさえあります。終電まで我慢すれば問題ないという考え方もありますが、鉄道会社によっては終電後に貨物列車が走ることもあり、家にいる間じゅう、常に騒音と格闘しなければなりません。本来、心休まる空間であるはずが逆にストレスになったり、ということも考えられます。

当然、構造や防音設備の施し方によって少しは防ぐことも可能ですが、家賃下落の要因につながりかねない要素のひとつとして注意する必要があります。

c　墓地

今ではあまり気にしない人もいるようですが、特に一人暮らしの場合、深夜などは人によって不気味さを感じる人もいるようです。線路沿いの箇所でお話しした内容で、ベランダから見えたのが電車ではなく墓場だった場合をイメージしてみてください。どんな印象を受けるでしょうか。もちろんさまざまな場合があるので一概には言えませんが、家賃下落要素のひとつとして考えておくほうがいいでしょう。

⑦築年数

最後に、建物の築年数に触れておきましょう。

前章でもとりあげたように建物は経年とともに価値が下がっていきますが、それと並行して家賃も下がります。築5年と築15年の物件を比べると、当然ながら設備仕様や経年による劣化状況も異なり、そういった観点からも家賃に差が出てくるのです。ただしこれは、あくまで何もしなかった場合であり、リフォームやリノベーションをした場合はまた状況が違ってきます。

では新築の場合はどうでしょうか？　「誰も使用したことがない」というフレーズは入居者さんにとって大きな価値（プレミアア）を生み出すと考えられ、地域の需給バランスによって多少違いますが、少なくとも2000円、最大で7000円を超えるプレミアがつくことがあります。

ここで、コラムの最初に出てきた、1K20平米×10戸、利回り8％の新築アパートの購入を決めたDさんの例を思い出してください。

Dさんは物件の購入を決める際に、ネットで家賃の調査をしました。そのときに「築年数＝新築」という条件を選択しましたが、はたしてこれは正しいのでしょうか?

新築の定義は、「完成して1年以内の未入居の物件」です。はじめは新築物件でも、平均的な入居期間が3年間と考えれば、最初の入居者が退去する3年後には新築という価値（プレミア）がなくなり家賃が下落する可能性が出てくるわけです。

つまりDさんは「築年＝新築」を選択して調査する以外にも、「築年＝3年」または「築年＝5年」を選択して調査すべきだったのです。築3年から築5年になったときの家賃を見据えてシミュレーションすることで、ようやく新築プレミアを除いた後の、その物件の本当の姿が見えてくるからです。


実は、経年とともに家賃が下がっていくのは新築プレミアが消えるという理由だけではありません。経年による建物の劣化や室内の使用感の増大などでも家賃は下がりますが、それ以上に把握しにくいのが、物件の仕様が入居者のニーズにマッチしなくなることによる家賃の下落です。

ここで実例を確認してみましょう。図㊹を見てください。

図㊹　類似の物件でも、間取りや設備の違いで家賃が大きく変わる

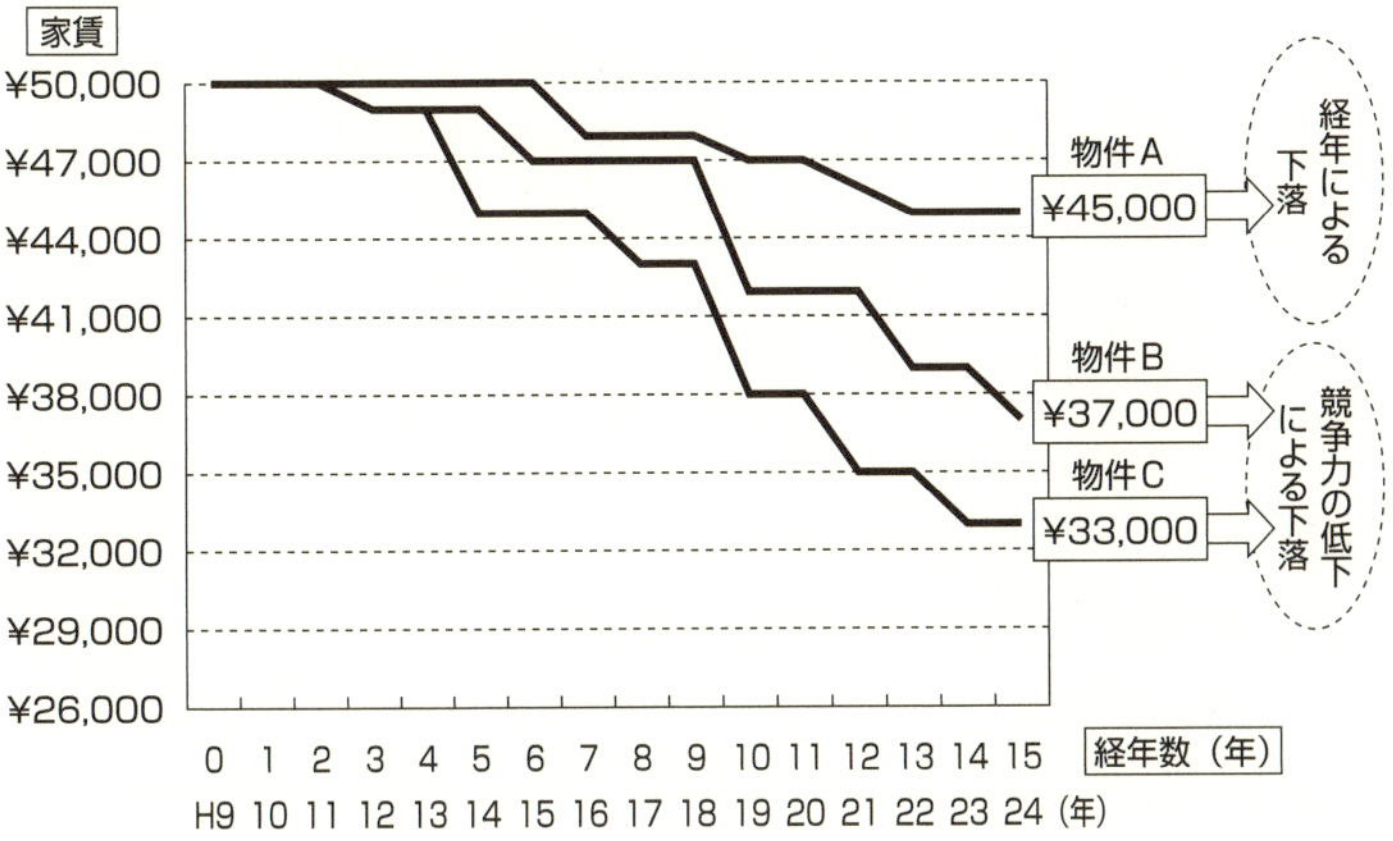

C県の中心駅から自転車で10分圏内のところに、平成9年のほぼ同時期に3つのアパートが建築されました。興味深いことに、新築当時の家賃設定はどれも同じ5万円、構造も同じ木造で、さらに間取りも同じで1Kロフトつきです。15年が経過した平成24年に、この3つのアパートはどのようになったでしょうか?

物件Aと物件Cでは、家賃に1・22万円もの差がついています。10室ある物件なら1か月で12万円、1年だとなんと140万ほどの差になります。

なぜこんなに差が出たのでしょうか? 確認のために3つの物件の特徴を比較してみましょう（図㊺）。

物件A：C県においてはその当時は珍しかった独立の洗面脱衣所と、広めのキッチンが設備

図㊺　家賃の差はどこから生じたのか

物件A…15年で5,000円の下落
・独立洗面脱衣所がある。
・収納が大きい。
・ガスコンロ2口。
・ロフトあり。

物件B…15年で13,000円の下落
・洗濯機置き場が室外にある。
・ガスコンロ持込み。
・ロフトあり。

物件C…15年で17,000円の下落
・洗濯機置き場が室外にある。
・ミニキッチン。
・ロフトあり。

としてあり、家賃下落を最低限度に抑えているようです。

物件B：キッチンのサイズはC県の今の標準サイズであるものの、ガスコンロが設置されておらず、持ち込み型となっています。また、洗濯機をバルコニーに設置するといった今の新築では見受けられない古い仕様であることが、家賃の下落要因にもなっているようです。

物件C：キッチンはA・Bと比較してより小さい90㎝サイズで、さらに昔風の電気コンロ（シーズヒーターと呼ばれていたもの）です。また、洗濯機置き場はバルコニーに設置されています。この2つの要素が家賃を大きく下げた要因のようです。

こうやって見ると、15年前に建てたものとしては、物件Aが最も理想的であったことがわか

ります。また、家賃の下落を最小限に抑えるためには、入居者のニーズを的確につかんだ上で物件の仕様をそのニーズに合わせていくことの重要性がわかるかと思います。

ここまでお読みになって、新築プレミア家賃以外にもこれだけ下落の要素があるなんて、とても把握しきれないと落胆された方もいらっしゃるかもしれません。

確かに、ここでお話しした広さや間取り、設備といった項目については、インターネットで多少は調べられるとしても、実際のニーズはなかなか見えにくいものです。

しかし、地域の特性や入居者のニーズを熟知したパートナーは必ずいるはずです。

長期保有をするにせよ、ある一定期間での売却を考えるにせよ、基本となる軸は収益性、つまり家賃であることは間違いありません。

そして収益性を確保するためには、賃貸経営をする上でのパートナーを慎重に見極め、実際のニーズを踏まえて的確なアドバイスを出すことのできる不動産会社等を選ぶことが大切であるという結論が見えてきます。

❷築浅物件ゾーン（築10年未満）

このゾーンの物件は、すでに新築プレミアがそぎ落とされ、物件の実力値によって評価されるため、流通価格が安定期に移行しています。

また年数を経て、価格下落が大きくなる時期までには十分な時間がありますし、物件の間取り、設備も新しいため、大規模な修繕や設備更新は基本的に必要ありません。

物件のハード面は問題が発生しづらい時期といえるでしょう。

また、入居率も新築物件ほどの魅力はなくても築浅ということで比較的良いと思われます。

では、このゾーンの物件を購入しようとする場合はどうでしょう。

築浅である分、物件価格は築20年、30年といった物件よりは割高であり、結果として利回りは低めであると思われます。しかし、低めではあっても一定の利回りが確保できていないと一般的には流通させることができません。

つまり売り物件として市場に出すために、需給関係が成り立つように最低限の利回りを確保した価格がつけられていると考えることができます。

●築浅物件　成功へのセオリー

そうすると、次のような見方も成り立つのではないでしょうか。

「なんらかの理由によって売却せざるを得なくなった築浅物件の場合、市場で流通させるには最低限の利回りの確保が必要となるため、その最低利回りから計算して物件の実力よりも低い価格をつけているものがある。

その結果、同じ価格の物件でも、実力値が他よりも高いものがまじっている可能性がある」

これはどういうことなのか、もう少し具体的に説明しましょう。

築年数、家賃、入居率もほぼ同様の、ＡＢ２つの築浅物件があるとします。

ＡとＢはほぼ同じ価格がついていますが、その背景となる立地、将来性を比較するとＡ物件のほうが優れています。ですから本来はＡのほうがＢより高い価格となるはずですが、その分を価格に転嫁すると利回りが低くなりすぎ、流通させることができません。

そのため、Ａも流通可能な最低限の利回りを確保せざるを得ず、Ｂと同じ価格で市場に出される場合があるのです。

売主はもちろん高く売りたいのはやまやまですが、価格はさておき買い手を見つけることが先決です。この価格では売れないと仲介業者に言われれば、背に腹は代えられずに価格を下げることに同意します。

この場合、買主に物件の持つ本当の価値を見極める力があるかどうかが投資の成否を左右し

図㊻　立地、将来性に優れている物件の流通モデルと損益トライアングル

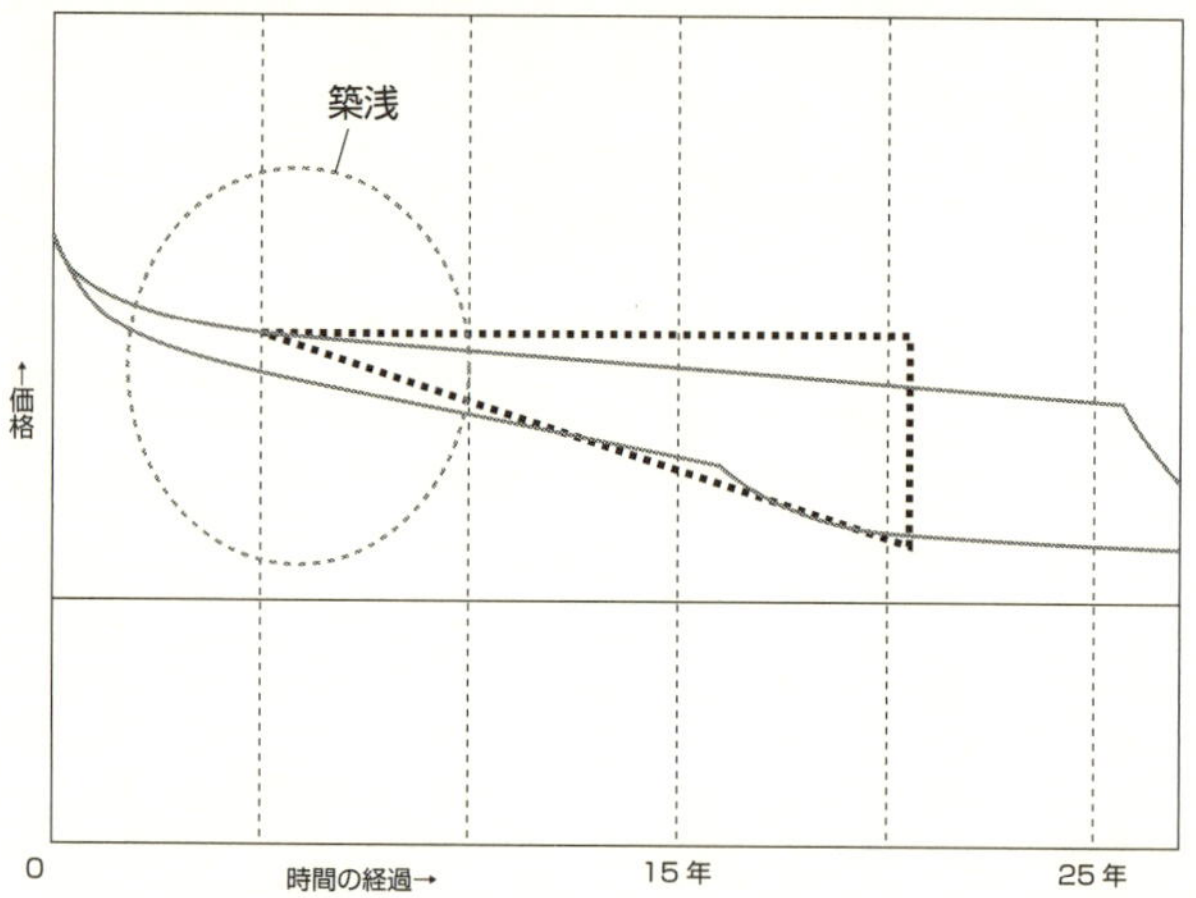

ます。

　BよりAを選択できれば良いのですが、築浅である現時点で入居率、家賃は変わらないとしたら、何を基準に物件の良しあしを見極めればよいのでしょうか。現在の入居状況からAを間違いなく選択することはどうしたらできるのでしょうか。

　ここに築浅物件の成功へのセオリーがあります。

●低い利回りの中から成功する物件を探し出す

　先ほどもお話ししたように、築浅物件は築浅であることにより、その物件の商品力がまだ保たれています。そのため、入居率が弱い地域であってもその影響をまだあまり受けていない可能性があります。

　しかし、投資した後は歳月とともにその商品

力が低下していくため、需要が弱い地域であれば入居率や家賃に影響が出てきます。

一方、Aの物件のように立地、将来性に優れている場合は、経年による通常の家賃下落はあるとしても入居率の低下などはあまり大きくならないと考えられます。

家賃下落が少なく、入居率が良好な物件を選択し購入することができれば、その後の流通価格モデルは図㊻のようになるでしょう。

つまり、時間の経過による流通価格の勾配が小さければ、築浅で利回りが小さい物件でも確実に利益を得ることができます。

築浅での成功のセオリーは、購入時点での家賃、入居率に有意差が見られないなかで、物件の価値の長期の動きを見抜くことにあります。

誰も教えない
不動産投資の真実
2

長期的な立地と将来性の考え方

米国不動産経営管理士
亀田征吾

ここでは、立地が優れているとはどういうことなのかについて考えてみたいと思います。

不動産投資ではよく、「○○沿線の○○駅までがベスト」とか、「○○駅でも○○という地名の地域が良い」「○○地域でも○丁目と○丁目じゃなければダメ」といった内容がまことしやかに語られます。

また、大手ポータルサイトを見ると、「首都圏で人気の沿線は東急東横線」とか、「人気の駅は中目黒や吉祥寺」といった情報が必ずと言っていいほど掲載されています。

これを私はブランド立地と呼んでいます。

誰もが好むと言われるこうしたブランド立地ですが、あなたならそうした立地の物件を購入したいと思いますか？　また、ブランド立地の物件だというだけで良い物件だと判断してもいいのでしょうか？

ここで第1章の仲介会社のベテラン社員の言葉をもう一度思い出してください。

「買うのが目的じゃないでしょ。買うことによって利益を得ることが目的でしょう」

そもそもブランド立地と呼ばれるエリアは土地値が高く、高い利回りは望めない傾向にあったり、投資規模（金額）が大きすぎて手が届かなかったりといったことも起こりがちです。

いくらブランド立地の物件を手に入れても、利益が出ないのでは本末転倒になってしまいます。

では、「買うことによって利益を得る」ことを前提として考えたとき、良い立地の定義とはどのようなものでしょうか。

物件の立地を検討する際に、私は次のように検証していきます。

良い立地とは：需給バランス＝間取り＝家賃

ある立地を検討するときは、まず、需給バランスに問題がないかを見ます。需要>供給であればもちろん問題ありません。逆に需要<供給であるからといってすべてダメというわけではなく、間取りや設備仕様に競争力があればマイナスをカバーできますし、競争力のない物件でもその分家賃を下げて適正なところで設定できれば空室をクリアすることができます。

ここでの重要なポイントは、物件の間取りがその地域のニーズに合致しているか?ということです。

たとえばファミリー層が圧倒的に多いエリアで、1Kの物件を購入したり建築したりしても、地域性・入居者のニーズに合致せず、空室が埋まらない等といったケースがイメージしやすいと思います。

つまり手元にしっかり利益が残る立地（不動産）とは、単に地域のブランド性を指標とするものではなく、「需給バランス」「間取り」「家賃」がすべていいバランスであることを前提に考えたものであるべきだと思います。

それでは具体的にどのようにして、長期的に収益を見込める立地であるかどうかを見極めていけばいいのでしょうか?　ポイントを挙げてみます。

①その地域の雇用状況はどうか?
②その地域における一般的な通勤時間はどのくらいか?
③その地域に合った間取りはどのようなものか?

大きく分けると以上の3つが見極めのポイントになります。順番に見ていきましょう。

①雇用状況

これは、その地域に企業や商業施設、病院や大学、専門学校など、入居者となり得る人の勤務先や通学先が十分にあるか? といったことです。ここで最も注意しなければならないことは、ひとつの大きな企業(工場)や大学だけに入居者さんを依存する形になっていないか?ということです。見込まれる入居者の通勤・通学先がひとつだけの場合、不動産投資の成否がその動向に大きく左右される可能性があるからです。

実例で見てみましょう。D県のある地域に十数年前、ある国立大学の移転が決定しました。5つの拠点に分かれていたものを3期に分けて1ヵ所に集約しようというものです。

この移転計画に伴い新駅も開設され、周辺は区画整理が始まりました。もともと田や畑が中心であった地域が区画整理によってきれいな宅地へと生まれ変わり、土地が流通し始めます。さらに国立大学の入居需要を見込んで、単身用のアパート、マンションが建築され始めました。現在も移転が進行中ですが、その後の地域の入居状況はどのようになったのでしょうか?

４つの時期に分けられた図㊼を見ると、以下のようなことがわかります。

ⅰ　平成17～19年：需要と供給はイコールであり入居状況は安定している。

ⅱ　平成20～22年：需要が供給を上回り物件が不足したことから、家賃相場が６０００円～７０００円上昇している。

ⅲ　平成23～25年：供給が需要を上回りⅰの相場家賃に戻っている。しかしここで注意したいのは、ⅰの時期に建築された物件は入学や移動の時期を逃すと数ヵ月入居が決まらなくなり、ⅱの時期に建築されたアパート、マンションには家賃が下落した物件もあるということです。

ⅳ　平成26年～：再び需要が供給を上回り、家賃が３０００円上昇している。

そもそもこの地域は単身社会人の需要が少ないため、大半はこの国立大学の学生さんに頼らなければならない状況です。これから先、企業の誘致等が進んで雇用状況が今以上に改善されれば問題はないのですが、このままだと家賃や空室の上下動が激しい状況が続くと思われるため不安になりますよね。

図㊼　需要と供給のバランスにより家賃は変動する

平成17～19年	平成20～22年	平成23～25年	平成26年～
[家賃] 4.2～4.3万円	[家賃] 4.8～5.0万円	[家賃] 4.2～4.3万円	[家賃] 4.5～4.6万円
需要＝供給	需要＞供給	需要＜供給	需要＞供給

この例から次のようなことがわかります。

○　需要が供給を上回るときは**競争力のない物件でも家賃は上昇する。**

○　供給が需要を上回るときは**競争力のない物件は家賃が下落する。**

これはどの地域でも言えることであり、やはり立地の見極めには「需給バランス」「間取り」「家賃」という3要素を押さえることが重要であることがわかるかと思います。

②通勤時間

通勤に電車やバスなどの交通機関を使う方もいれば、自家用車または社用車で通勤される方もいらっしゃるかと思います。なかには自転車で通学される学生さんもいるでしょう。そうしたすべての交通手段を含めて、その地域では一般的に通勤に要する時間はどのくらいかを探ることによって、潜在的な需要を知ることができるのです。

これは地域によって異なると思いますが、たとえば福岡などは通勤時間が30分未満という概念がありますが、首都圏では通勤時間が1時間以上という方も少なくないと思います。そうすると首都圏の場合、企業等が集まるA地域まで1時間以内の立地であれば、A地域に勤務する方も入居者対象として見込めるということです。

物件が存在する地域の周辺だけでなく、そこから離れた場所へ通勤する方も入居対象者とすることができれば、投資物件の間口は広がることになります。

③間取り

その地域に合った間取りであるか否かは、具体的に何を参照して判断すればいいのでしょうか？大手ポータルサイトでどの間取りが多いかなどを確認するのが一般的ではありますが、ハウスメーカーの企画商品で立地に合わない間取りの物件を建築しているケースもあるため、これも確実であるとは言えません。

そこで有効な確認手段として、地域ごとの世帯人員数を見るのがおすすめです。市役所のホームページに記載されているケースも多々ありますし、地域によっては地名ごとに記載されているケース（○○1丁目　1人世帯○○○人　2人世帯○○○人等）さえあります。もしそこまで確認できるのであれば、より確実に需要が確認できるかと思います。

❸一般中古物件ゾーン（築10年〜20年前後）

中古物件への投資と言えば、まずこのゾーンをイメージする人が多いのではないでしょうか。

一定の築年数を経過しているため物件価格が下がり、利回りも少し高めになる時期です。また、ローンを組む際の返済期間も20年前後と一定の期間を確保できるので（RCであれば30年も可能）、計算上のキャッシュフローが期待できる物件が多くなります。

しかし築年数もそれなりに経過しているため設備の更新時期にあたったり、まだ使える設備でも陳腐化によって交換する必要が出てくるかもしれません。さらに、前所有者の修繕や交換への取り組み方によって、同様の物件でも家賃や入居率に大きな差が出てくる時期です。

そうしたことから、同一条件の物件であっても、実際の家賃収入や入居率は個別状況によって違いが生まれ、本来その物件が持っているはずの実力と実際の状況が異なるケースが散見されてきます。

たとえば、退去者が出た場合に次の入居募集に必要な最低限のリフォームさえ怠ったりしていれば、入居率が平均より悪化したり、相場より安い家賃で入居させるしかないなどのイレギュラーな状況が発生している可能性さえあります。

●一般中古物件　成功へのセオリー①　潜在力に着目する

中古物件の売買が行われる場合、物件の価格は現状の入居率や利回りによって影響を受けます。そのため、取引が成立した価格と、その物件が持つはずの本来の実力値から計算される価格との間に差が出る場合もあります。

その差が本来の物件評価よりもマイナス方向に生じている場合は、割安に購入できたことになり、購入後に本来の実力値に戻すための努力をすることで、物件価格を本来あるべき評価にまで戻すことが可能になります。これをモデルで表すと図㊽のようになります。

本来の実力であれば実線のトライアングルを構成する物件であっても、個別の事情によって破線のトライアングルで購入できる場合があります。たとえば、前の大家さんの手入れがよくなかったために物件価格が落ち込んでいたので安く買えたというようなケースです。

その後にしかるべき対策をとり本来の実力値まで物件を戻すことができれば、流通価格モデルは元のラインを描くため、実力値で投資した場合に比べて利益の幅が大きくなります。

このように、一般の中古物件ゾーンは、具体的な現象としては個別の運営実態によって個々の物件に差が出始めた時期にあたります。

したがって、このゾーンのなかから「実力より運営力の弱い」物件を見つけ出し、その潜在力を復元できるかどうかを検討して、可能と判断されるものに投資すると効率の良い投資になる可能性が高くなります。

●一般中古物件　成功へのセオリー②　ゆとり物件を狙う

たしかに実力より運営力の弱い物件を探して購入するのは投資方法として有効ですが、それを成功させるためには価値復元のための一定の知識やノウハウが必要となります。もしもその労力を省きたいのであれば、あらかじめ物件の実力を引き出して平均よりも良好に運営されている物件を購入するのもひとつの方法です。

平均よりも良好に運営されている物件は、仲介会社との円滑な連携が取れていることが多く、積極的にリフォームや設備更新をしたりといった努力を行っています。しかしそうした努力は表面の家賃収入を見るだけではよくわかりません。退去後の空室期間の短さや、入居時の条件、たとえば敷金、礼金を確実に取れているかなどを細かく精査すれば、こうした違いを知ることができるのですが、家賃収入だけで見れば満室以上に収支がよくなるわけではありません。

そのため、「ギリギリでなんとか満室経営できている物件」と「ゆとりを持って満室経営できている物件」は数字的には有意差が見えてきません。

たとえば、とても需要が高く常に退去待ちがある物件であっても、満室家賃以上にはなりま

図㊽　潜在力を持つ割安の物件は利益が出やすい

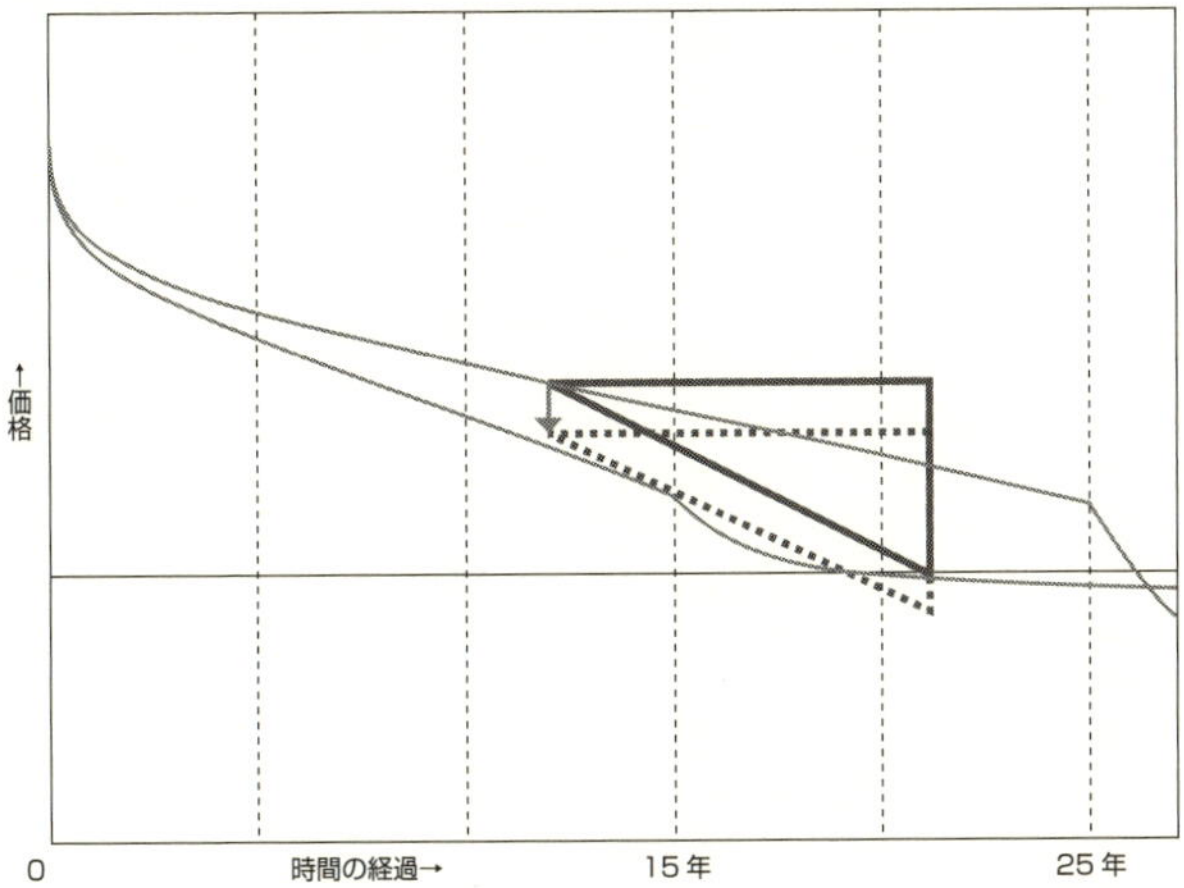

せんね。ですが、退去待ちの人がいるとすれば、家賃は下げる必要はないでしょう。トライアングル上では角度が変らずに回収が進んでいくことで表されます。しかし、一般的な物件では経年による家賃下落の影響を受け、トライアングルの回収ラインの角度はなだらかになっていく（回収速度が遅くなっていく）ことになります。図㊾では破線部分に当たります。

この図でわかるように、ゆとりを持った物件はそうでない物件（破線）よりも収入が多くなり、結果として角度の大きな損益トライアングルとなります。したがって最終的に利益が確保しやすくなります。

このように、一般中古ゾーンは、似たような立地の物件でも家賃設定、リフォーム、設備更新の状況などによって、個別に差が出る時期に当たります。そのため、物件ごとの個別の状況を詳しく調べ、その地域の賃貸物件の標準的な収益と比較し、その差異を把握することが大切になります。

この差異の中に成功へのセオリーが隠れているのです。

●一般中古物件　成功へのセオリー③　市場を読んでチャンスをつかむ

この項目の冒頭で「中古物件といったらこのゾーン」と言いましたが、むしろ今は「不動産投資と言えばこのゾーン」と言い換えてもいいかもしれません。それほど注目されているゾーンですが、投資対象としては注目されることが良いとは限りません。

私が投資を始めた十数年前、不動産投資は一部の資産家や地主、また相続税対策が必要な人などに限られており、現在ほど一般的ではありませんでした。そのため、売物件が出ても投資家が殺到するということはなく、時間をかけて収益性を吟味した上で適正と思われる物件を購入することが可能でした。

しかし、不動産投資が一般的になった近年の動向を見ると、価格全体が高くなっていますが、とりわけこのゾーンの物件の価格上昇が大きいように思います。

これは、築古物件に比べてローン返済期間が短くならず、新築や築浅のように利回りが限定的ではないように見えるため、金融機関と投資家のどちらにとっても取り組みやすいように見えるからでしょう。

図㊾　ゆとりを持って満室経営できている物件を探す

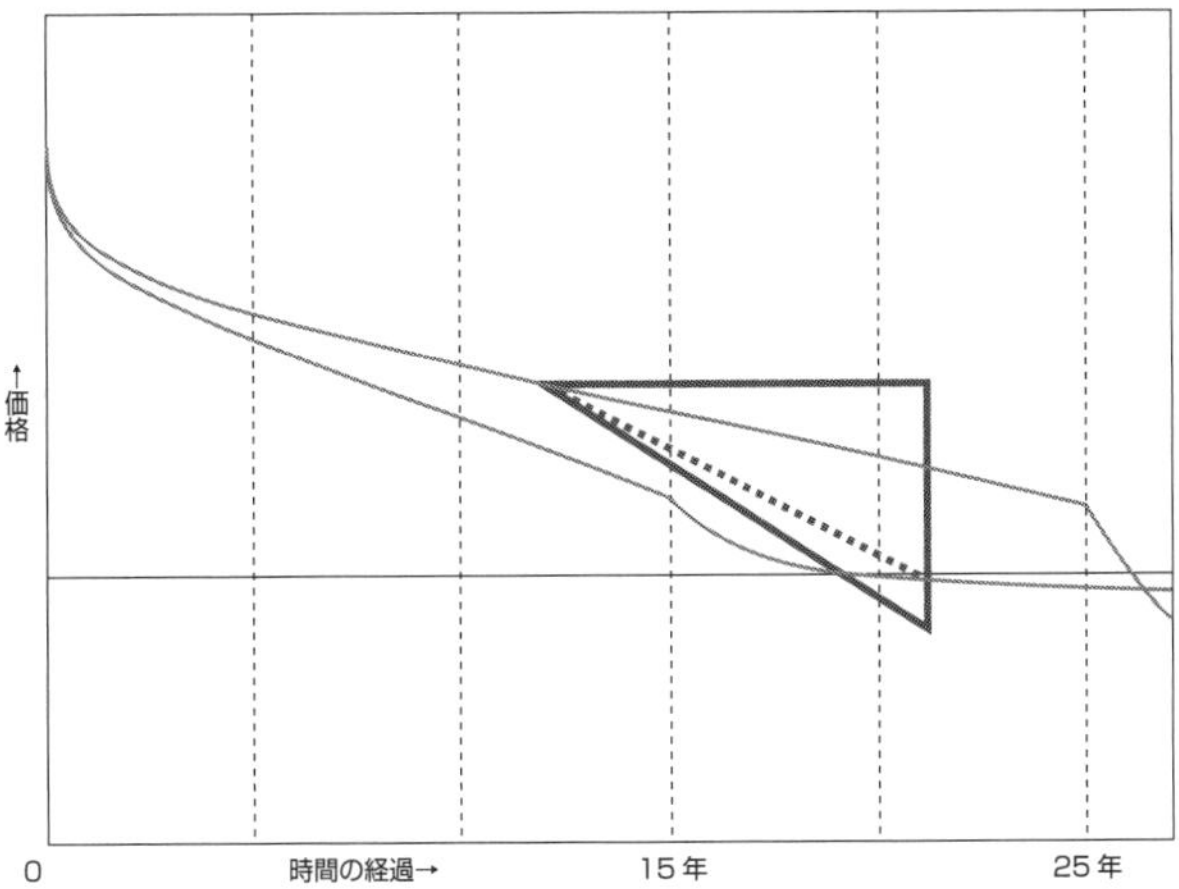

その結果、不動産投資が過熱すると、最初に高騰してしまうのがこのゾーンなのです。

物件がその収益性から再評価されて、結果として価格が高くなるのであれば、その上昇分は許容すべきものだと考えられます。一方、外部環境、特に人為的な意図を持って作られたブームによって不自然に価格が上昇している場合は注意が必要です。

特に外部環境として大きいものは金融機関の融資姿勢です。極論すれば、その融資の条件によって不動産は価格形成されてしまうとも言えます。

振り返れば、平成バブルの拡大や崩壊にも金融機関が大きな役割を果たしており、あの不動産ブームはいわば金融機関の融資が作り出した舞台で演じられたものです。そのステージは高く積み上げられた不安定な舞台でしかなく、そこに新たに上がろうとする意欲的な人もいれば、舞台の不安定さに気づいて新規参入者と入れ替わりにいったん観客席に戻る人もいます。

あなたが上がろうとしている不動産投資という舞台は、本当に今上がる価値と必要があるのか、あるいは今上がるべきではないのか。今でないとすれば、いつならいいのか。

最適なタイミングは、実は誰にもわかりませんし、それは、投資家によって違ってくるとも言えます。

金融機関と投資家によって積み上げられた不安定な舞台が、もし崩れる可能性が高いと判断されるのであれば、新規購入の場合は「様子をみる」ことも必要ですし、すでに投資をしている場合は「利益を確定させる」ことも必要なのではないでしょうか。

特にこのゾーンへの投資は環境によって振幅が大きくなりますので、経済全体の動向、特に金融機関の動向に注視しながらタイミングを見ることが大切です。

誰も教えない不動産投資の真実 3

利回りの低い物件のほうがお金が残った本当の理由

米国不動産経営管理士
亀田征吾

賃貸物件の家賃は、需給バランスや間取り、設備によって決まり、その家賃をもとに利回りを計算します。投資物件を探している投資家は利回りの数字だけを比較検討しがちですが、利回りがわかればすべてが判断できるかというと、そんなに単純なものでもありません。

ここで、ある大家さんから相談された実例をもとに、不動産投資の現実の姿を見ていきましょう。

【Bさんの実例】

購入地域：E県

周辺環境：最寄駅まで徒歩11分

　E県の中心地にある駅まで5駅18分

構造：鉄筋コンクリート造4F建

築年：平成5年

間取り：1R（20㎡）

家賃：33000円～35000円

戸数：19戸　駐車場4台

現況：3部屋空室

表面利回り：12・9％

購入価格：6200万

購入時期：平成24年

図㊿　Bさんの物件は問題なしのはずだったが

《購入時シミュレーション》

満室時家賃収入 →	804万円
－空室損 →	40万円
実質家賃収入	764万円
－運営費	163万円
・管理料	40万円
・その他管理費	21万円
・清掃費	24万円
・募集時広告料	8万円
・内装費	5万円
・固定資産税等	65万円
営業利益	601万円
－借入金返済	394万円
税引き前年間キャッシュフロー	207万円

Bさんがこの物件を検討した際、次のように考えました。

この地域では一般的な通勤時間が40分程度と言われているため、駅まで徒歩圏内であることから見て、物件周辺に加えて県の中心地に勤務する単身社会人も対象にできそうです。

さらに近くには数千人規模の大きな大学もあり、その学生さんも対象として見込めそうです。

また、購入時点では築年数19年の鉄筋コンクリート造であることから、減価償却がとれるだろうと考え、金融機関からの借入れ条件によってはある程度の利益が見込めると判断しました。

そこでBさんは、さらに自分自身で今後の入居需要やその他のリスクなどを調べてシミュレーションし、問題ないと判断した上で購入に踏み切りました。借入れ条件は、期間20年、金利

図51　Bさんの物件の1年目の収支はこうなった

《1年目の収支》

満室時家賃収入	804万円	
−空室損	60万円（約6カ月間空室） 80万円（約4部屋が退去）	想定外①
実質家賃収入	664万円	
−運営費	251万円	
・管理料	61万円	
・その他管理費	21万円	
・清掃費	18万円	
・募集時広告料	56万円	想定外②
・内装費	30万円	想定外②
・固定資産税・都市計画税	65万円	
営業利益	413万円	
−借入金返済済	394万円	
税引き前年間キャッシュフロー	19万円	

2・5％（5年固定）でした。

Bさんが購入前に作成したシミュレーションは図50のようなものでした。

このシミュレーションを見ると、数部屋が空室になることも考えた上で最終的な税引き前のキャッシュフローが200万円超えという数字になっていますので、たしかに問題はなさそうに見えます。

ですが、実際の1年目の収支を見てびっくりしました（図51）。当初のシミュレーションでは200万以上のキャッシュフローが残る計画でしたが、いざ蓋を開けてみると残ったのはたったの19万円……。Bさんはあわてて私のところに相談に来たというわけです。

いったい何が起こったのか、どこが想定できていなかったのかを具体的に見ていきましょう。

想定外その①

Bさんも当初からある程度の空室期間は覚悟していたものの、購入時に空室であった3部屋は6カ月のあいだ入居者が決まりませんでした。そうこうしているうちに新たに4部屋が退去してしまい、さすがに焦ったBさんは家賃を多少下げる決断をしたものの、それでも入居者はなかなか決まらなかったという経緯だったようです。

つまりは、予想を超えた空室損が出てしまったということです。

想定外その②

なかなか入居が決まらないので困っていたところ、管理会社から「広告料をもっと上乗せして賃貸仲介会社にインパクトを与え、さらにフリーレント最大2カ月という特典で入居者にアピールしてみてはどうか」という提案がありました。Bさんは背に腹は代えられないと思ってその提案を受け入れ、ようやく何とか入居が決まりました。

当然のことながら、退去した部屋の原状回復費が必要となり、これも経費を増やす要因となりました。

想定外その③

広告料を上乗せしフリーレント最大2カ月を謳うなど、身銭を切って何とか入居者が決まったと喜んだBさんでしたが、その後すぐに退居者が出てしまい、さらに空室に苦しめられることになりました。つまり、1年のあいだ空室からなかなか開放されることがなかったというのが、最大の問題だったのです。

ではいったい何が原因で、空室が続いたのでしょうか？

①需給バランスの問題

この地域は16㎡〜20㎡のアパート、マンションが乱立しており、その大半はひとつの大きな大学に依存していました。いわゆる学生の町であるため、家賃が極端に安いなどの魅力がない限りは、社会人など学生以外の客層から敬遠される地域だったのです。そのため入居対象はほぼ学生さんに絞られ、入学・退寮の時期を逃すと1年近く空室になることもあります。

こうしたことを考え合わせると、Bさんは空室リスクをもっと大きく想定すべきだったことがわかります。

②間取りと家賃の問題

この物件の間取りは1Rタイプで、いわゆる「居室の中にキッチンがあるタイプ」になります。1Rの部屋と競合する賃貸物件の間取りとしては、1Kが考えられます。

1Rと1Kの違いは簡単に言うと、キッチンが部屋の中にあるか外（廊下等）にあるか、部屋とキッチンが扉で仕切られているか、ということです。

1Rと1Kのうちどちらが好まれるか？という問題ですが、この物件のように20㎡前後とスペース全体がそれほど広くない場合は特に1Kが好まれる傾向にあります。その結果、この物件は1Kの物件と競合したときに、当然に家賃が高く感じられるため、入居者獲得の機会を逃してしまうことが少なくなかったのです。

Bさんの1年目の収支は税引き前で19万円のプラスとなりましたが、税法上、収入は664万円とみなされますから、先々減価償却や諸経費を引いたとしても、最終的に税金分はほぼ持ち出しになることも考えられるわけです。

年間のキャッシュフロー200万円を夢見て投資したのに、実際にはウン十万円の税金が持ち出しになる……そう考えるとぞっとしますね。

実はこの物件、入居対象者や貸し方を変えることで生まれ変わる可能性もありますが、そうするためにはコストと労力と時間が必要です。もしBさんがそうした可能性に目を向けていれば、違う結果になったかもしれません。

では、もうひとつ別の実例を見てみましょう。

【Cさんの実例】

購入地域：G県

周辺環境：最寄駅まで徒歩2分

　　G県の中心地にある駅まで5駅20分

構造：木造2F建

築年数：平成24年

間取り：1LDK（35㎡）

家賃：56000円～58000円

戸数：8戸　駐車場4台

現況：満室

表面利回り：8・7％

購入価格：6560万

購入時期：平成24年

　このCさんの実例は木造の新築物件で、先ほどのBさんが購入した築19年のRCとは条件が大きく違っていますが、購入時期、人口や雇用状況、中心地の駅までの時間も近いため、不動産投資の実績を比較してみるには好都合だと思います。

Cさんはこの物件を購入するにあたって、次のような観点から検討しました。

この物件は駅に近いのが魅力です。大きな大学や専門学校などはありませんが、周辺の雇用状況はある程度充実しているようです。さらに、この地域は一般的な通勤時間が30分～40分と言われているため、県の中心地に勤務する社会人も対象にできそうです。また、周辺を調べてみた結果、1LDKの物件が比較的少なく、需給バランスもよさそうだとわかりました。

そういったことを確認したうえで、Cさんはこの物件を選びました。融資もスムーズに決まり、借入れ条件も期間25年で金利2・5％（5年固定）という十分な内容であったことから購入を決意しました。

Cさんの場合、実際の2年間の収支は図㉜のようになりました。2年続けて120万円超のキャッシュフローが実現できています。

このCさんの物件の収支を先ほどのBさんの収支と比較してみましょう。どこが違うかというと、

① 礼金等の雑収入がある。

② 退去した後の空室期間がBさんと比較して極端に短い。

③ 広告料等の募集コストがBさんと比較して低い。

という3点に気が付きます。

図52　Cさんの物件は1年目も2年目も順調に収益を上げた

《1年目の収支》		《2年目の収支》	
満室時家賃収入 →	571万円	満室時家賃収入 →	574万円
－空室損 →	3万円	－空室損 →	7万円
実質家賃収入	568万円	実質家賃収入	567万円
雑収入（礼金・違約金）	13万円	雑収入（礼金）	22万円
－運営費	111万円	－運営費	123万円
・管理料	28万円	・管理料	28万円
・清掃費	9万円	・清掃費	9万円
・インターネット回線料	15万円	・インターネット回線料	15万円
・広告料	5万円	・広告料	10万円
・内装費	3万円	・内装費	10万円
・固定資産税	51万円	・固定資産税	51万円
営業利益	470万円	営業利益	466万円
－借入金返済	345万円	－借入金返済	345万円
税引き前年間キャッシュフロー	125万円	税引き前年間キャッシュフロー	121万円

不動産投資は見方を変えれば賃貸経営ですから、収入は家賃に限ったわけではないのです。Bさんの物件と比較して、家賃収入・雑収入は増え経費は少なくなったわけですから、キャッシュフローは当然に残っていくことになります。

実は、新築であるにもかかわらず、Cさんの物件でも2年間で3部屋の退去が出ましたが、家賃を下げることなくすぐに入居者が決まっています。このことから見ても、Cさんの物件が持つ力が、こうしたキャッシュフローの差を生んでいると言えるように思います。

Bさんの物件は、築20年近いもののRC造で、
利回りは12・9％ → 年間CF19万
Cさんの物件は、新築ではあるものの木造で、
利回りは8・7％ → 年間CF125万

改めてこの2つを見比べて、どうお感じになるでしょうか。

普通だと、利回りや構造、築年数だけを見てBさんの物件を選んでしまいがちです。しかしながら、不動産投資とは入居者さんに入ってもらい家賃収入を得ることで成り立つものだということを考えると、指標をもとにシミュレーションをするだけでは不十分であり、入居者さんのニーズや心理を踏まえた上で、その物件が持つ力を分析することが必要だとわかってきます。

物件が持つ力を見極めるための重要なポイントは以下のようになります。

① 間取りに合った家賃であるか?
② 平均空室期間はどのくらいか?
③ 募集するときのコストはどのくらいか?

この3つのポイントは特にキャッシュフローに影響を及ぼしやすいため、購入前の重要調査事項として注目しておく必要があります。

築年数が進み、そろそろ解体や建て替えの検討も視野に入ってくる物件が、ここで言う築古物件です。木造で築25年以降、鉄骨、ＲＣでは築30年以降が、ひとつの目処となるでしょう。

この時期の物件は築年数が経っているため、金融機関の想定する経済的耐用年数の境界線上にあり、融資が受けられるとしても返済期間が限定されます。経済的耐用年数とは、金融機関での融資検討の際に使われる建物の使用可能年数で、一般的に法定耐用年数より短くなります。そのため築古物件では自己資金割合が高くなるなど、購入する際のハードルが高くなり、結果として買い手が限定される傾向があります。流通価格モデルで、この時期に価格の下落幅が一時的に大きくなるのはこれが原因です。

しかし、経年によって建物の評価が無くなったあとでもその建物の立つ土地の価値は更地にした場合の流通価格として残るため、ある時期を過ぎると土地の流通価値が基準となります。実際には流通価格から建物の取り壊し費用を差し引いた金額がその物件の価格となります。さらに、入居者がいる場合は退去諸費用も考慮する必要があります。

ですから、築古物件の投資法について書いた本などでよく「土地値以下で購入」というフレーズを見かけますが、正確には「土地値から解体などの諸費用を差し引いた金額で購入」していることになり、けっして土地値以下で購入できているわけではありません。

では、このような築古物件の特性をふまえて、このゾーンでの成功へのセオリーを考えてみましょう。

●築古物件　成功へのセオリー①　購入時期に注意

先ほども言いましたように、一般的な中古物件から築古物件に差し掛かる時期に急激な価格下落が発生しやすい傾向があります。そのため、流通価格モデルで勾配がきつくなる時期の手前で購入すると、その後の価格下落が激しく、大きな利回りが取れない場合には家賃が入ってきても価格下落で利益が無くなってしまったり、含み損失を抱えてしまう危険性があります。

ですから、この勾配がきつくなる手前で購入を検討する場合は、その勾配に負けない大きな利回りがあること、損益トライアングルで言うなら下側に大きく伸びるトライアングルが確保できることが基本です。

●築古物件　成功へのセオリー②　土地値基準の価格で購入

流通価格モデルの勾配がきつい時期を過ぎると、それ以降は下落がほとんどない平坦な流通価格となります。

流通価格が下がらないのであれば、その物件を投資して得られたリターンからは価格減によるマイナスが発生しませんので、そのまま実際のリターンになります。

この点を見ると、築古物件への投資は安定した投資モデルのように見えます。しかし、実際に投資する場合には、次の2点に注意する必要があります。

●注意点1　付随する修繕費用と建物の使用可能年数

築古物件は、当然ながら経年変化が生じているため、恒常的に細かな修繕が必要になる可能性が大きくなります。ことに配管系などで大きな費用が発生する可能性もあります。前所有者のメンテナンス状況によって大きく異なりますが、外壁塗装などの費用も必要になる確率が高く、さらにエレベータがついているRC物件では基盤交換などで数百万の費用が発生することもあります。

ですから、築古物件の場合はさまざまな費用が必ず発生するという前提で収支を計算する必要があります。もちろん築古とはいえ、建物の基本的な躯体部分に問題がなければ、設備更新することで耐用年数を延ばすことができます。

ただし、設備更新や大規模修繕で耐用年数を延ばしたとしても、賃貸物件としての商品価値がそれに比例して伸びていくとは限りません。

同じ設備、間取りであれば入居者は新しい物件に向かいます。そのため、築古物件は新しい物件よりも割安な家賃を設定して入居してもらうことになります。しかし、際限なく家賃を下げればいいというわけではありません。賃貸経営である限り、経費や固定資産税などの税金を払う必要があり、一定以下の家賃では採算が取れない「損益分岐家賃」が存在するからです。

築年数の少ない物件と競争するためといっても、この損益分岐家賃より下げるわけにはいきません。

この限度家賃まで家賃を下げても入居者が見つからなくなれば、それがその物件の本当の経済的耐用年数の限度ということになります。取り壊して売却するか、建て替えるかを判断すべき時期が来たと言えます。

築古物件の購入を検討する際には、この経済的な耐用年数までの期間はどのくらいあるのか、それに対して修繕費、その他経費を差し引いた後のリターン総額はいくらになるのかをできるだけ正確に予測することが必要になります。

●築古物件　成功へのセオリー③　土地の価格動向

築古物件は一定期間を過ぎると、流通価格は平坦になる傾向があるとお話ししました。しかし、それには大前提があります。それは「その地域の土地価格が下落しないこと」です。

建物の価値が無くなった築古物件を土地値基準で購入したとしても、その土地値は購入時点の土地値であって、将来の土地価格を保証するものではありません。ですから、その立地の将来の需要動向に注視し、更地にした場合にはどんな需要があって、どのくらいの価格で売れるのか、それが5年後、10年後はどうなるだろうかと考えることが大切です。

築古物件は賃貸物件としてそのままの状態で長期に運営するということではなく、一定期間経過後に更地売却や建て替えなど、大きな変化が必要になる確率が高いことを前提に収支を考えることが必要になります。

●築古物件　成功へのセオリー補足　土地の評価

ここまで、築古物件の流通価格の基準として、築古物件価格≒土地価格と考えることができると説明してきました。しかし実際には、この土地価格の評価自体が違ってしまうと収支の前提が崩れてしまいますので、この点について少し補足しておきます。

仲介業者さんとの会話でよく「ここは坪○△万円で１００坪なので、土地だけで□△○万円の価値があります」といった言い方が出てきます。

もしその仲介業者さんが本当にそう思っているなら、正直者かもしれませんが、残念ながら知識、経験が足りない人です。普通はそう言っているときに、頭の中では「道路づけが良くて売り安い広さで分割可能な場合に限りますが」と言葉を足して考えているはずです。

言うまでもないことですが、不動産は相対取引であり、その価格で実際に買ってくれる人がいてこその相場価格なのです。買いたいという人が現れたとしても、それぞれ希望する広さと予算の制約があります。30坪の土地が欲しい人に50坪の土地を買ってくださいと言っても、「お金があれば欲しいけれど、買えません」と言われるでしょう。

土地には売買しやすい広さがあり、世間で言う土地相場は、その最適な広さでの価格なのです。ですから不動産の規模が大きすぎたり実際に使いにくかったりすれば、土地の価格は相場よりずっと下がってしまいます。

そこで、知識や経験があって誠実な仲介業者さんの場合は、こんなふうに説明するでしょう。

「この土地は坪○△万円で100坪なのですが、もし売却する場合は100坪を一括で買ってくれる人は少ないと思います。実際には二区画か三区画に分割して売ることになるでしょう。この土地は道路に面している面が広くないので、二分割の場合、奥の区画は道路からつながる手前を通路にする必要がありますね。

これを旗竿地といいますが、土地の形状が変形となるため、相場より安くなります。また三分割するためには私道をつけて分割する必要がありますが、そうすると売れる土地の面積も小さくなってしまいます。ですからこの土地の価格は、まあ状況によりますが、相場の70~80%くらいではないでしょうか」

これが誠実なプロの模範解答だと言っていいでしょう。

土地の評価についてはさまざまな手法がありますので、書籍などを参考に勉強することをお勧めします。ここでは「土地の価格は一律ではない」ということを憶えていてください。

第７章　不動産投資の継続と拡大を目指すなら

不動産投資を始めて、１棟目が想定したとおりに稼動しはじめると、毎月の家賃からローンや経費を払っても一定のお金（キャッシュフロー）が残るようになります。そうやって得たキャッシュフローが、サラリーマンなら毎月の給与、自営業の方でしたら毎月の利益に比べて、遜色ないこともあるでしょう。

そうした場合に、投資家がとる行動には３つのパターンがあります。

パターン①　借入金も大きいからこのキャッシュフローは貯めていき、なるべく早く完済するようにがんばろう。

パターン②　こんなにキャッシュフローが出るなら、もっと投資できればキャッシュフローもどんどん大きくなるぞ。よし、次の物件を探そう。

パターン③　キャッシュフローは収入だから使っても大丈夫だ。不動産投資は簡単だし儲かるなあ。これで生活できそうだから、仕事をやめてしまおうか。

ここまで読まれてきた皆さんは、当然キャッシュフローが利益ではないことを理解できているはずですから、パターン③は論外であることはおわかりでしょう。

ということは、選択肢は①か②となります。③のようにキャッシュフローを消費に使っていいのは、年月が進んで投資全体の収支が良好になり、安全圏に入った状態になってからです。パターン①は、キャッシュフロー（場合によっては自己の収入）で繰上げ返済を積極的に行うことによって支払金利を減らし、結果としてより収益性を高めることができます。これは非常に健全な投資行動だということができるでしょう。

一方、パターン②はさらに投資を継続して規模を拡大していく行動です。私自身も規模の拡大を行ってきました。規模を大きくするのが本当に良いことなのかどうかについては議論が分かれるところですが、その判断は別として、この2つのパターンについてお話しします。

パターン❶一定規模で安定収益を目指す

実は、自分自身の投資を振り返ってみると「気づいたら規模が大きくなってしまっていた」

というのが実感です。そもそも、1棟目を購入したときに「もう1棟買いたい。さらに規模を拡大したい」とは微塵も考えていませんでした。

事実、2棟目を購入したのは1棟目から2年を経過した時期で、それも自分から積極的に探したわけではありませんでした。1棟目を仲介してくれた担当者から「こんなのが出ましたけど……」と言われて、自分なりに採算性を計算してみて良さそうだと思って購入したものです。

それ以降は少しずつ投資に積極的になってきましたが、今でも「大きくすることが良いこと」だとは思っていません。投資規模を大きくすると借入金も増えていきますので、計算上は大丈夫だと思っていても、心のどこかでぬぐいきれない不安が残るものです。

一方、投資の規模を拡大せずに一定規模に留めておけば、年がたつにつれて借入金は自然に縮小していきますし、繰上げ返済によってそのスピードを速めることもできます。それによって安心できるというのは、とても大きなメリットではないでしょうか。

●投資の借入金は有利な運用先になる

繰上げ返済については、さらに積極的な見方をすることもできます。

実は、低金利の借入をして一定の利回りを確保できる物件を購入すると、自分専用の有利な運用先を作ったことになるのです。どういうことか簡単に説明しましょう。

購入したのが適切な投資物件であれば、自然とキャッシュフローが手元に残っていくでしょう。そのキャッシュフローを運用するような感覚で繰上げ返済に回していきます。

たとえば金利2％、ローン残存返済期間20年の場合、キャッシュフローを使って100万円の繰上げ返済をすれば、単純計算で100万円×2％×20年で40万円の金利節約になります。

20年間という長期間での支払負担の軽減ですし、手元に利息が入ってくるのではなく自分が支払うはずの金利が減るわけですから、一般に言われる運用というイメージとずれるかもしれません。しかし、確実に返済金額は減っていくのです。

しかも、その返済資金は自己資金ではなく投資で得られたキャッシュフローですから、極論すれば「湧いて出たお金」と言えなくはありません。その湧いて出たお金が、さらに金利節約という有利な運用先に向かうことになります。

そうやって考えてみると、繰上げ返済はとても良い投資運用になっていると思うのですが、皆さんはどう思われますか。

もちろん、キャッシュフローに限らず、他で得た収入を繰上げ返済に使った場合でも、金利削減の効果は同じです。定期預金にしてもゼロに等しい金利しか付かない現状では、繰上げ返済は特段に有利な運用先になっているのです。

●繰上げ返済の加速度効果

こうやって、地道にキャッシュフローや余裕資金を返済にまわしていけば、返済期間は「加速度的」に短縮できることになります。

「加速度的」とあえて言ったわけは、次のような良い循環がおこるからです。キャッシュフローで繰上げ返済をすると金利負担が減り、翌月からのキャッシュフローが少し増えることになります。その増えたキャッシュフローをさらに繰上げ返済にまわせば、またさらにキャッシュフローが増えますね。これを繰り返していくことによって繰上げ返済の額がだんだん増えていき、その結果として返済期間がさらに早まるということなのです。

結果として、金利支払いの削減が複利運用に近い効果を生じさせるのです。

●ノーリスク・ハイリターンの投資を実現する

このように返済を加速していくうちに、借入残高が「その物件を投売りしても入手できる金額」以下にまで減れば、債務不履行のリスクは無くなります。この時点で、投資した自己資金や繰上げ返済した資金の回収はできていませんが、対外的な返済のリスクはゼロになります。リスクがゼロになる一方で、リターンとしての家賃収入はこれまでと同じように入ってきますので、結果としてノーリスク・ハイリターン投資が実現することになります。

●負債が無くなることの大きな意味

キャッシュフローや自己資金を使った繰上げ返済は、大して手間のかからない単純作業でありながら非常に効率のよい資金運用となり、結果として早期完済が可能になってきます。

そして完済したあかつきには、いっさいの借入金のない、まさしくキャッシュディスペンサーにも似た物件が100%自分自身のものになるのです。

私自身は投資を拡大してきたため、借入金が無くなることはありませんでしたが、初期の物件は何棟もすでに返済が終わっています。そういう物件は非常に安心感があることを実感しています。いくつか売却したものもありますが、もちろん売却金額はすべて手元に残ります。

十数年前に価格の何割かの自己資金で投資した物件が、今は借入金もなくまるごと自分のものにできたという事実は、非常に大きく感じられるものです。

また、所有物件のうち、まだ返済途中の物件を残債が返せる程度の価格で売って、最終的に無借金の物件数棟だけを手元に残すことも考えられます。冷静に考えると、最終的にそういった状況が生み出せるだけでも十分なのではないかと思うのです。

パターン❷ 投資を継続して規模の拡大を目指す

●借入金額と担保価値

図53　「担保価値のある物件を買えば次も買える」は本当か

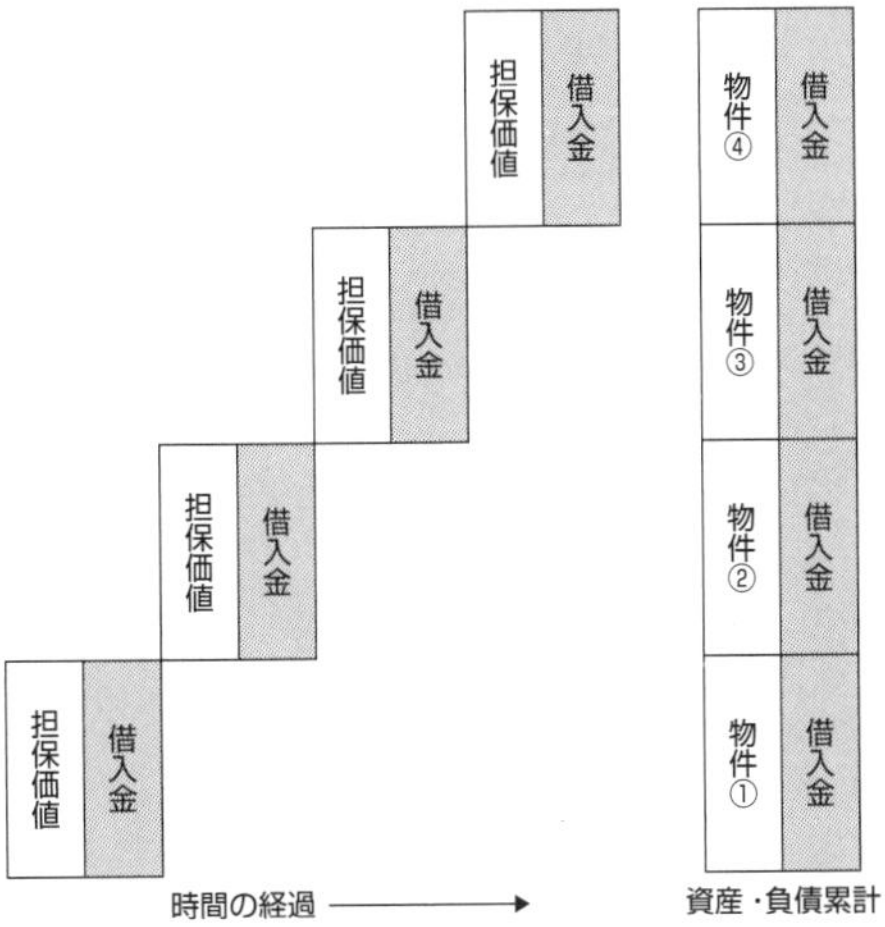

２つ目の投資規模を拡大するパターン、つまり買い増しを進めていく手法について、不動産投資の本によく出てくるのは「担保価値（積算金額）のある物件を買えば、次の物件も買える」というフレーズです。

これを単純化して図にしてみると、図53になります。

たしかに、担保価値と借入金がイコールであれば、理論的には際限なく融資を受けることも可能となりますから、投資規模の拡大も目指せることになるでしょう。

ただし、担保価値と借入金をイコールにするには、担保価値以下の価格で物件を買う必要がありますから、これは現実的には非常に稀な投資案件、いわば夢の案件と考えるべきでしょう。

そのため、実際には次の２つの形が一般的になるのではないでしょうか。

図⑭のように物件価格と担保価値の差額部分を自己資金で補うか、図⑮のように自身の個人的な借入金返済能力（与信）によって補うのか、いずれかによって投資の拡大をはかるのです。

ただし、自己資金も与信も基本的には限界があります。そのため、自己資金もしくは与信を使い切ると「これ以上は融資できません」と金融機関から断られることになります。

また、このようなパターンとは別に、「個人に対する融資には限度があるため、融資できません」と言われることもあります。担保価値や個人の与信にまだ余裕があったとしても、個人に対する融資総額の上限に達したと金融機関が判断する場合です。

●融資に限度はあるのか

確かにこれらの図では、「自己資金か与信を使い切った時＝融資の限界」となり、規模の拡大も途切れることになります。

しかし、実際に賃貸経営が順調であれば、キャッシュフローが積み上がっていきます。また同時に元金の返済が進めば借入金も少しずつ減っていきますので、減った分は担保価値が空いてくることになります。

そのため、キャッシュフローを次の投資の頭金とし、元金返済部分の担保価値を考慮してもらい、次の投資につなぐという手法がとられます。

私自身も、基本的にはこの手法を使って買い進めてきました。

図54　担保価値の不足分を自己資金で埋めて投資を拡大する

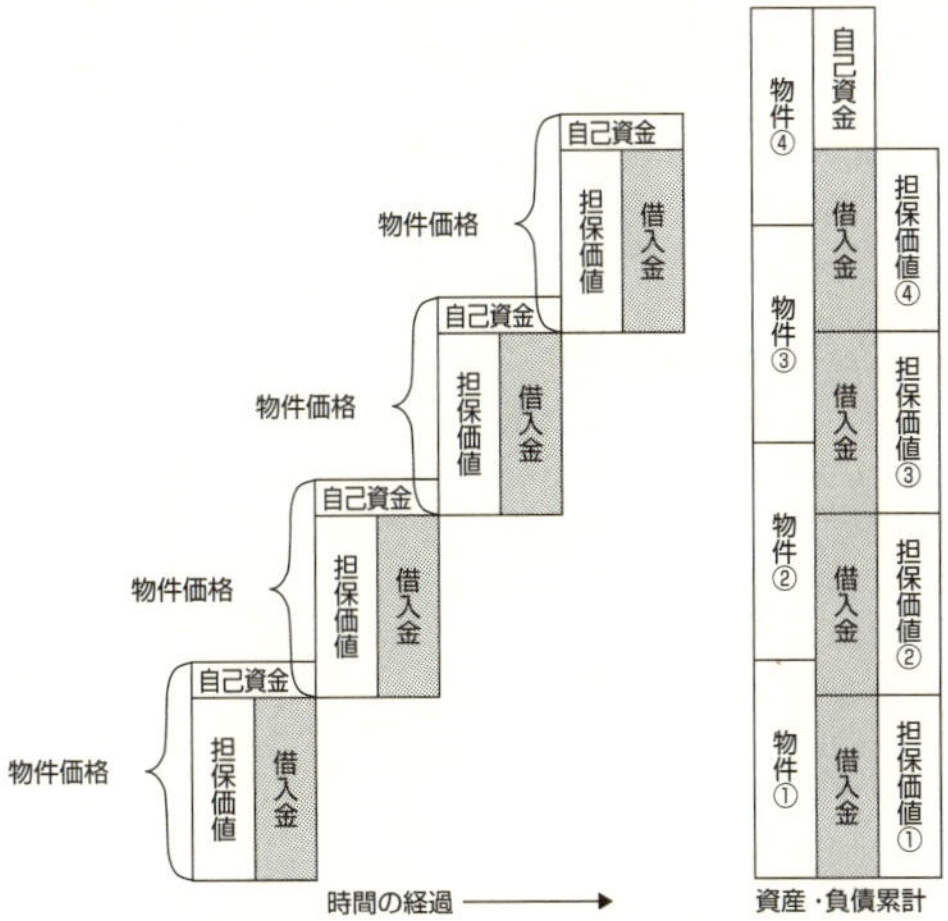

図55　自分の与信を使って投資を拡大する

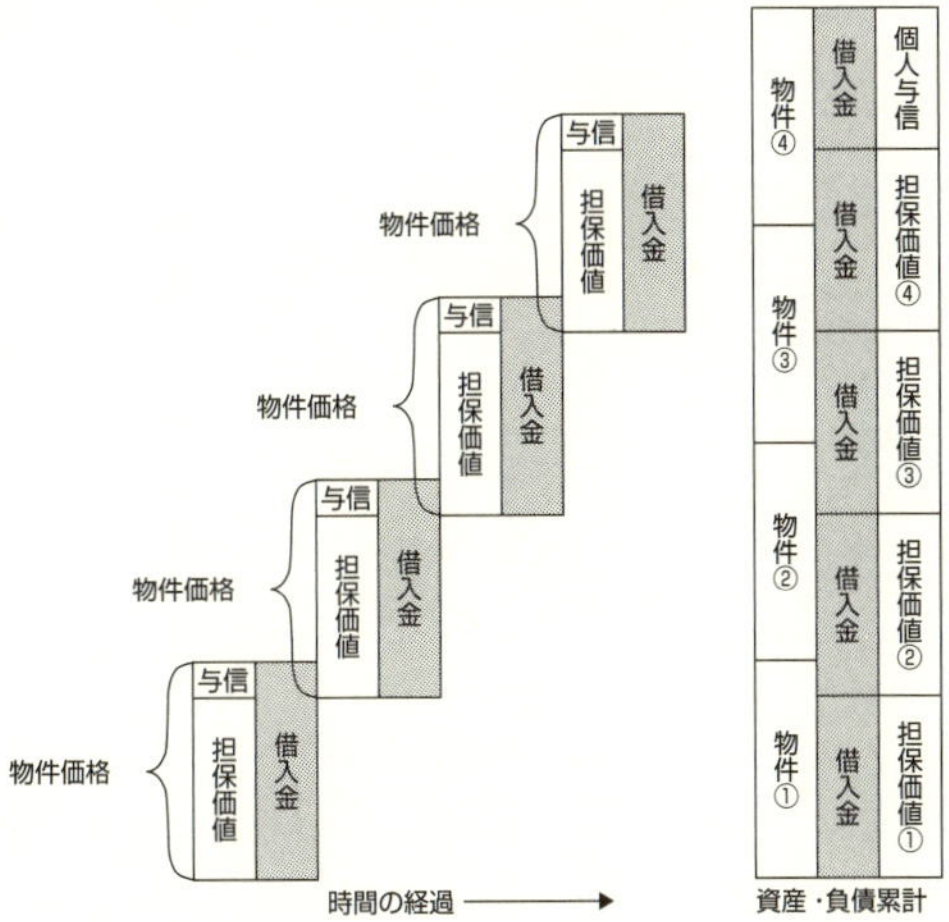

順調に経営できていれば、理論的にはこの手法によって投資の継続が可能になるはずです。ただ、そうするためには一定のキャッシュフローが積み上がり、残債が減っていくだけの時間が必要になります。

また、理論的には可能であっても、金融機関の見方はそう単純ではありません。どこかで必ずブレーキがかかることを頭に入れておいてください。

●投資の拡大を妨げるもの

不動産投資が一定規模を超えると、金融機関は融資の姿勢を変えてきます。これまでの一般の不動産向け融資という捉え方から、賃貸事業への融資という捉え方へと、審査の基準が変わるのです。

一般の不動産向け融資と賃貸事業への融資の違い、そこに拡大を妨げるものがあります。

本来、収益不動産への投資は不動産賃貸事業への事業貸付であるべきものです。ですから賃貸事業への融資へと姿勢を変えるということ自体がおかしな話なのですが、たしかに賃貸物件の場合は遊休地の活用や節税対策として賃貸物件を建てるなど、純粋な事業としての融資とは違った要素も混在しています。そのため、金融機関は融資の際にそのような要素も考慮に入れた上で審査します。

しかし、投資が一定規模を超えてくると、付随的な要素は薄まったと捉えるのか、純粋に賃貸事業のみの収益性で判定されることになります。

事業としての収益性で検討する段階になると、担保価値と借入金残高のバランスという縛りは緩んできます。これは担保価値に偏った融資検討から少しずつ脱却できることを意味するので、良い傾向であることは間違いありません。

ただし、ひとつの事業として賃貸業を見ると、借入金に依存した事業モデルであることは間違いありません。そのため、そのデメリットも厳密にチェックされることになります。

賃貸事業は典型的なストック経営です。まず賃貸物件という設備に投資して、将来の収益を確保していくスタイルの事業という意味です。金融機関の融資は、そのストックとしての不動産の担保価値を重視しています。

継続的に投資をして事業を拡大し、その間、順調に収益を確保していくと、売上げ（家賃）が増えていくと同時に、ストック部分も常に拡大していきます。決算上も利益が出ていくでしょう。

これは一見、問題ないように思えるのですが、金融機関から見ると非常に気がかりな点が顕在化してきます。それは、過大にストックされた不動産の価値が正確に把握できているのかどうか、ということです。

融資を行っている金融機関にとっては、貸借対照表上の簿価額が本当に正しいか、市場で売却した場合にその価格以上で売れるのか、という点が気になり始めるのです。

もちろん、不動産の建物部分は償却していきますので、帳簿上の価額も下がっていきます。ただし、この点については貸借対照表上も損益計算上も反映されていますので、問題にはなりません。

市場価格が簿価額以上である場合は含み益があるということで問題ありませんが、何らかの原因で市場価格が簿価を大幅に下回るようであれば、決算上は利益が出ているように見えても実際は損失を抱えている可能性が出てきます（図㊻）。

しかし、この点については、不動産相場や経済全体の変動に大きく左右されるため、正確な判定はできません。

そのため金融機関としては実務上、一定規模以上の貸出し残高になると、「これ以上の融資は難しい」という回答となったり、融資の条件として大きな自己資金の投入を求めたりするのです。

●さらなる拡大を目指すには

「個人への融資には限度がある」「不動産投資の限度は○億円」など、不動産業界などで流布されている話は現象面としては事実かもしれません。しかしながら、そうした噂をうのみにするのではなく、巷でささやかれる融資限度が何を根拠として決められているのかを把握する必要があります。

図⑯　不動産の担保価値は変動する

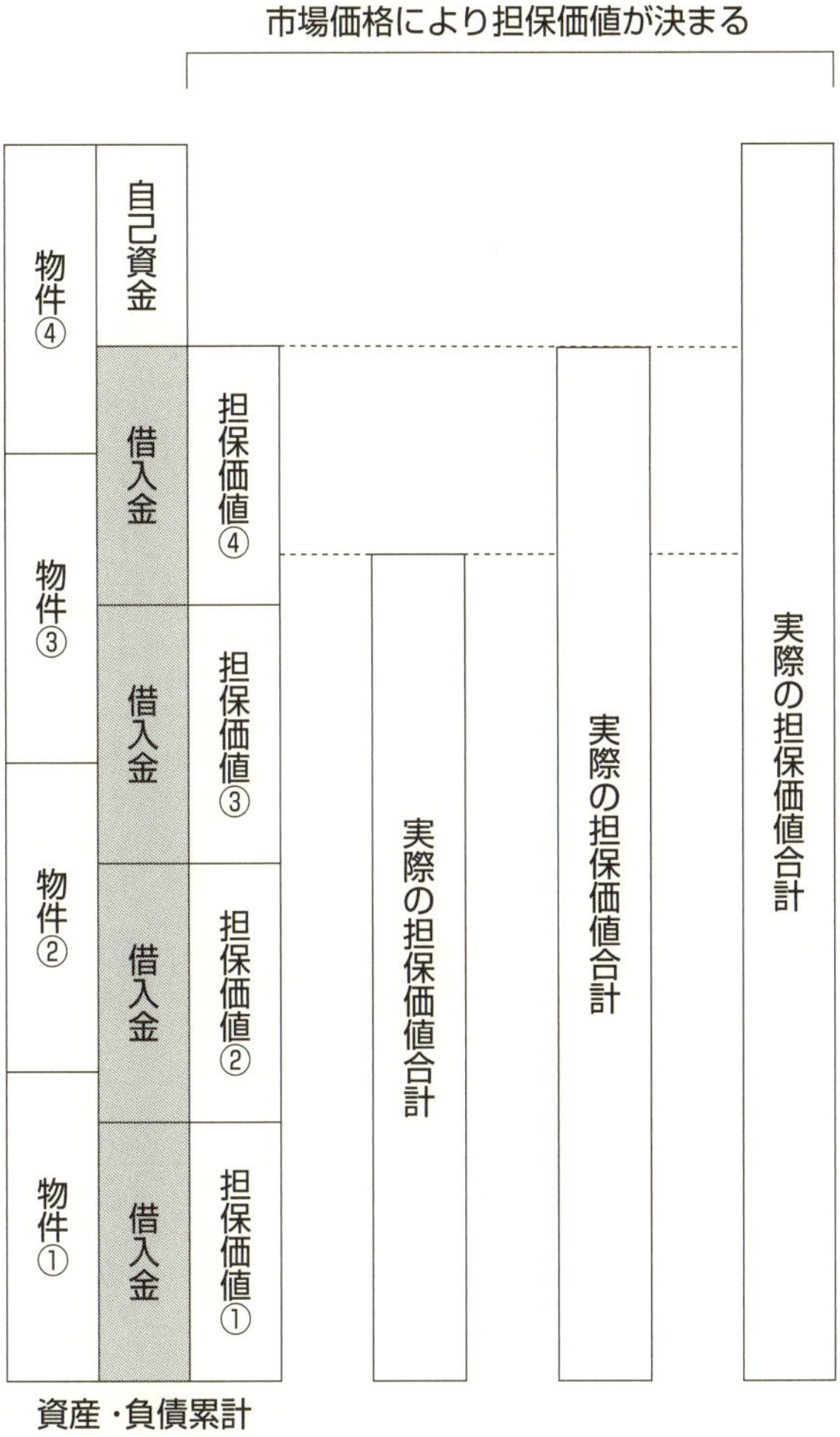

実際に金融機関とやり取りする中でその融資限度の根拠を探っていくと、どうやら正しくは「従来どおりの投資パターンを続けていると、ストック部分（つまりは物件）の評価リスクが大きくなってしまうため」に、不動産投資での個人への融資には限度があるということがわかってきました。

そういうことであるなら、さらに拡大を目指すためにはこのストック部分（物件）の評価リスクを小さくすることを考えればいい、ということになります。

そのためにはどうすれば良いのでしょうか。

その答えは、非常に単純な話ですが、一定規模まで投資が進んだ段階で一部を売却することです。そうすることによって、次の2つの効果が発生します。

① 経理上の物件価格が売却金額に置き換わることによって、その部分の評価リスクが無くなり、含み益、含み損が現実化される。

② 物件の担保評価は一般的に市場価格から減額されているが、売却された場合には、その部分の担保評価の減額分が無くなる。

この2つについて、少し詳しく見ていきましょう。

①の「経理上の物件価格が売却金額に置き換わる」というのは、所有物件の一部を売却する

ことです。売却分は金額が確定するため、全体としてストック部分が圧縮されることになります。

また、売却することによって、その物件の「評価リスクがなくなり、含み益含み損が実現」されます。また所有期間中の損益もすべて確定するので、その結果が当初想定していた投資の収益見込みに近いものであれば、事業計画自体の信憑性も増すことになります。

信憑性が増すということは、それだけ与信がプラスになるということですから、売却前よりも融資を得やすくなるでしょう。

物件の売却によって、担保評価部分が現金に置き換わりますので、担保評価として減価されている金額は復元されることになります。②の「物件の担保評価は一般的に市場価格から減額されているが、売却された場合には、その部分の担保評価の減額分が無くなる」というのは、このことを指しています。

たとえば、担保評価が市場価格の80％であった物件が市場価格で売却できた場合、減価されていた20％分が復元されます。1億円の物件で担保評価が80％の8000万であった場合に市場価格通りの1億円で売れれば、2000万円分がプラスになってくるということです。

この売却による2つの効果のイメージは図㊼のようになります。

物件①に対する借入金が無くなると、担保評価部分の減額が復元されます。そのため、担保部分が物件②のラインからスタートすることになります。そうすると、②、③、④の担保価値と借入金の対応では不足部分（図で↕で示した部分）が小さくなります。物件を3つ購入した状態と大差はないと思われるかもしれませんが、このリセットは、単に3棟を所有している状態とは違った意味を持っています。

物件①を売却して、その部分の賃貸事業を完結させると、想定でしかなかった利益を実現したことになります。つまり賃貸事業経営が予定通り順調に推移していることの証明となるのです。

●投資拡大（継続）の指標を考える

このように、一部を確定すると、次の投資への準備が整うことになります。

しかし、いったん売却するのですから、その時点では、賃貸事業は縮小することになり、投資拡大を目的と考えるならそれに逆行することになります。もし規模や収益が同程度の物件を購入するのであれば、売却せずにそのまま所有していくべきでしょう。

手持ちの物件を売却してまで次の投資をするのであれば、その目的を明確にしていく必要があります。

一般的に、その目的は大別すると2つに分かれるのではないでしょうか。

ひとつは単純に規模の拡大を目指すというもの、この場合、同程度の収益であっても次に投

図57　物件①を簿価で売却した場合（売却損益はなし）

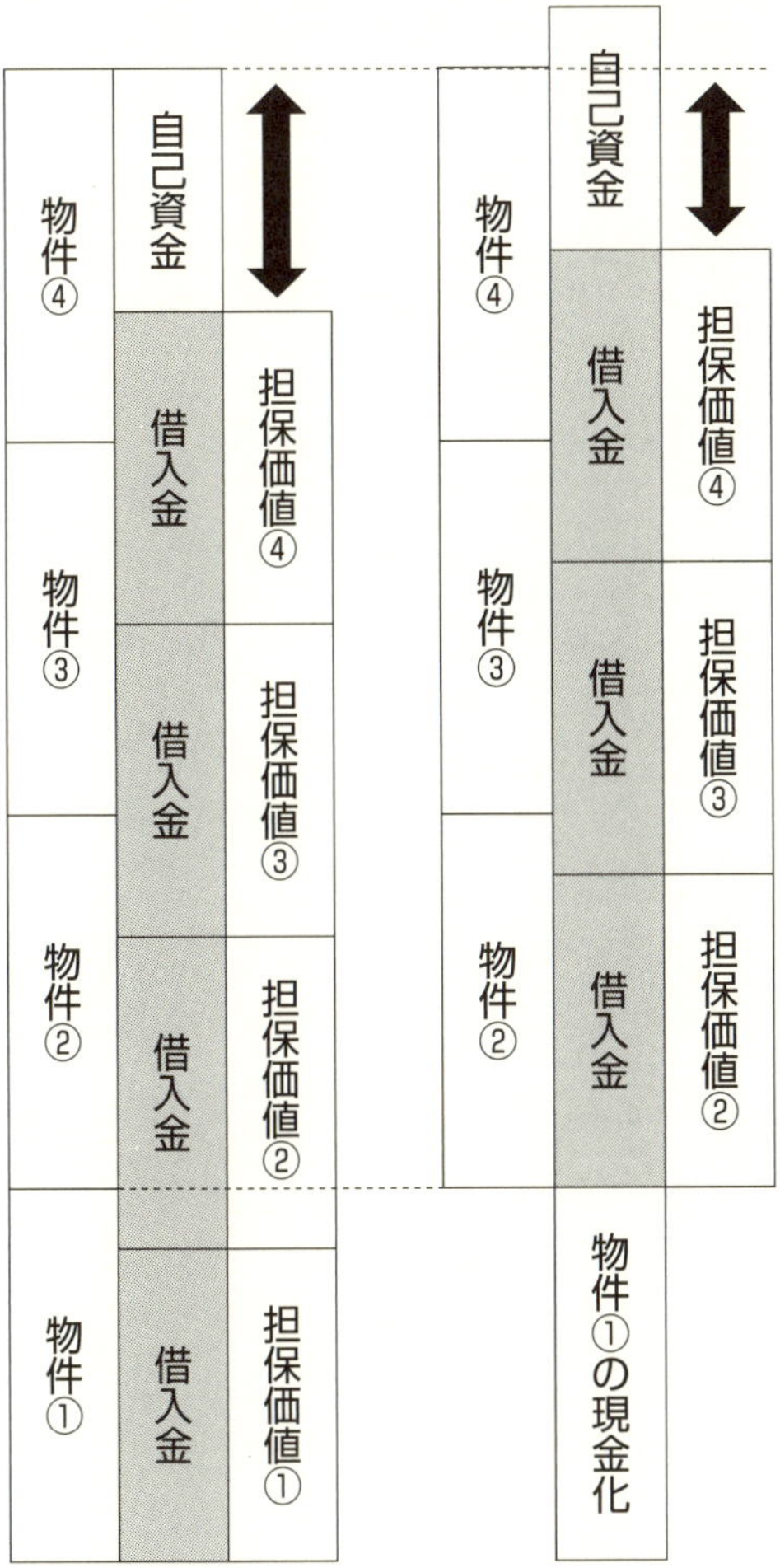

資する物件の規模が大きくなれば、目的は達成されます。

もうひとつは、規模の拡大は目指さず、物件の入替えによって物件の質を向上させることです。この場合、次の物件の質が同程度ではやる意味はありません。

この目的ですが、これはどちらが良いということではないと考えます。

私自身は一定規模になるまでは規模の拡大を目指してきました。質が向上すればさらに良いと思いながらも、質の向上がない場合でも規模の拡大のために投資を続けました。現在は質の向上のために入れ替えを行っています。

どこまで拡大したところで止めるのかは、個々の状況や判断によります。しかし一般的に言って、一個人から派生して投資を行い会社組織としたとしても、親族以外の従業員を雇用しないのであれば、自ずと事業規模は限られてくると思います。

私の場合は、私個人と法人2つで運営していますが、税率のことを考えると、この体制では家賃収入が1億円から1億5000万円がひとつの目処ではないかと思います。

さて、質といえば、立地、建物の構造、間取りなどが思い浮かびます。立地は駅徒歩10分より5分のほうが良いでしょうし、建物はメンテナンスに問題が無ければ木造よりRCのほうが良さそうです。

こうした点については私も含め共通認識があると思いますので、あえて取り上げる必要はないかと思います。ここではそれ以外の、私自身のこだわりのある要素についてお話しさせていただきます。

●築年数と入替えの判断

私の投資は大多数の皆さんと同様に中古物件からスタートしています。築浅もありますが、大半は築15年前後のものです。今の中古市場からすればまだ新しいほうだとは思いますが、さらに10年経過すればすべて築25年前後となってしまいます。

もちろん、その時点では投資資金の回収も進んでいますので収支は問題ないのですが、賃貸事業を継続していくという観点から見れば、そろそろ耐用年数にも限界が見え始めてくる時期です。

その時期が来たら建て替えが基本となるのでしょうが、自分の年齢から考えると、その時期が10年後、20年後だったとしたときに適切な対応ができるのだろうか、また次世代に過大な負担をかけることにならないだろうかと心配していました。

そこで、耐用年数が来るまで受身で待たないで、新築との入替えによって積極的に若返りをしようと考えました。

しかし、一般的に新築は中古物件に比べて利回りは低くなります。ですから投資規模が不変の場合、新築への入替えは全体の利回り低下につながります。

もちろん、この低下は築年数が若くなることを考慮すれば許容すべきものですが、闇雲に入替えを行って、極端な利回り低下を起こすわけにはいきませんので、やはりどこまでが許容範囲なのかをあわせて考慮する必要があります。

●個別判断と総投資の視点

この築年数と利回りの判断ですが、売却物件と新築物件とを個別に比較して、損得を考えることが原則だと思います。

その際には、売却する物件の家賃収入と使用可能年数、売却金額を確認し、その数値と新築物件の家賃収入や使用可能年数を詳細に比較するなど、さまざまな角度から収支を検討する必要があります。詳細については拙書『40代からの堅実不動産投資』（ごま書房新社）を参考にしていただければ幸いです。

個別比較はもちろん大切な判断基準ですが、最近入替えを進めていく中で気づいたのは、個々の物件の評価だけではなく、手元にあるキャッシュ実額も踏まえた上での総投資全体の運用という視点からも検討する必要があることです。

たとえば、現在、キャッシュフローは年に数千万になりますが、その運用先は簡単には見つかりません。そこで、その資金の運用先として自己資金を大きく使って新築投資をするという方法も実践し始めました。

現在の不動産投資で主流になっている借入金主体の手法の真逆になりますが、私は規模の拡大を目指さず、物件の質を向上させるという目的に変化していますので、いたずらに借入金の比率を上げる必要はないのです。

また、自己資金割合を増やすと利回りがあまり大きくなくてもキャッシュフローは一定金額を確保できるようになりますし、不動産投資の利益を削減する金利の支払いも小さくなりますので、利回りが大きくなくても実額としてのリターンは確保できることになるのです。

私の事例をもとにお話ししましたが、投資の拡大や継続を目指すなら、ご自分の投資の目的を明確にし、投資全体を見ながら保有する資産の最適な運用を考えていくことが必要ではないでしょうか。

●総投資の指標①――荷重築年数

総投資の視点から、入替えの効果を見るとき、私は2つの視点を重視します。

まず1つ目は築年数ですが、私が物件の入替えのために中古を売却して新築を建てるときは、物件全体の平均築年数のようなものを算出してひとつの指標としています。

これは私独自の考え方で、「荷重築年数」と勝手に呼んでいます。一般的な用語ではありませんので、その点はご注意ください。

では、中古物件を売却して新築を建てた場合について、具体的に計算してみましょう。とても簡単です。

【入替前】

A　築15年　4室　15×4＝60
B　築20年　12室　20×12＝240
C　築25年　8室　25×8＝200
D　築22年　10室　22×10＝220

（60+240+200+220）÷（4+12+8+10）＝21.18年←荷重築年数

【入替後】（Cを売却して新築10室を建設）

A　築15年　4室　15×4＝60
B　築20年　12室　20×12＝240
~~C　築25年　8室　25×8＝200~~
D　築22年　10室　22×10＝220
E　新築　10室　1×10＝10

（60+240+220+10）÷（4+12+10+10）＝14.72年←荷重築年数

この入替えで荷重築年数が21・18年から14・72年と、6・46年若返ったことになります。

これが荷重築年数という考え方です。

さらに正確にしたいのであれば、個々の物件の家賃、入居率の要素も入れて荷重平均を出すことが必要だと思いますが、大きなイメージをつかむのが目的ですので、そこまでの計算はしていません。

●総投資の指標②——残債利回り

「残債利回り」は聞き慣れない言葉かもしれませんが、一部の金融関係者ではよく使われる言葉です。

通称みたいなもので、その定義もはっきりしたものではありませんが、私は次のように計算しています。

残債利回り（％）＝年間家賃収入÷借入残高

一般的に物件の利回りを計算する場合には、実際に投資した金額全体に対する利回りを算出します。一方、この残債利回りの値は、借入金に対してどのくらいの利回りで回っているかを表すところに特徴があります。ですから、当初の利回りが8％の物件でも、借入残高が変動することで残債利回りは変ってくるのです。

たとえば、物件価格1億円　利回り8％（年間家賃800万円）の物件があるとすると、

残債1億円の場合　残債利回り　8％
残債9000万円の場合　残債利回り　8・8％
残債8000万円の場合　残債利回り　10％
残債7000万円の場合　残債利回り　11・4％
残債6000万円の場合　残債利回り　13・3％
残債5000万円の場合　残債利回り　16％

となります。返済が進むにつれて残債利回りが増えていくイメージがつかめるでしょうか。

こうやって見ると、残債5000万円、残債利回り16％くらいになってくると、金利2％、諸費用および税を3％としても、残りは11％になります。多少費用がかかっても10％を切ることは少ないでしょう。10％をすべて返済にまわせば10年で元金は返せることになりますね。

つまり、デフォルトのリスクはほとんど無いと判断されます。

本来はもっと精緻に定量的にそのリスクと安全度を計算する必要があるのでしょうが、私はこの残債利回りの数値を、ひとつの安全度の物差しにしています。

そして、リスクが無く、次の投資をしてもいいタイミングを残債利回り15％と考えています。

実際の計算では、残債からキャッシュフローで得られた手元の現金を差し引いて計算します。たとえば、借入金が８億円で手元にキャッシュが１億円あるとしたら、１億円は差し引いて残債は７億円で計算します。

これで２つの指標が得られました。

では、次にこの２つの指標をどう活用していくのかをお話しします。

●荷重築年数と残債利回りのバランスで考える

物件を入替えて若返りを図ろうと考え、利回りの高い中古物件を売却して利回りの低い新築に投資をすると、結果として全体の利回りは低くなります。

このとき、新規に借入をしますから、同時に残債利回りも低くなってしまいます。

残債利回りのみで投資のリスク判断をするのであれば、リスクは大きくなることになりますが、新築によって荷重築年数は小さくなりますので築年数の観点からはリスクは減少します。

このリスクの増減のバランスを見ながら、全体として投資のリスクを限定しつつ、物件の質を向上させていくことを考えていくのです。

このバランスを数値化できれば、投資をより効率的にできると思うのですが、良いアイディアは浮かんできません。たとえば残債利回りが１％下がっても荷重築年数が３年若くなるのが投資として正しいのかどうか、私自身も確証がありません。また、この２つの指標が重要であ

ることは間違いないのですが、他の要素も考慮する必要があるでしょう。たとえば、

・利益確定時期、確定金額（率）←収益物件の価格変動によって変化する
・金利動向
・確定によって得られる資金の投資先、投資利回り

など、経済情勢の変化を判断の中に織り込む必要があるでしょう。

実際、収益物件の市場価格が自分の考える価格より高くなった場合、売却予定がない物件でも売却する場合もあります。私も２０１３年には、予定していませんでしたが2棟売却しています。

投資全体に共通することですが、投資の基本的な考え方を身に付けた上で実態経済に応用できるかどうかが成功へのポイントになるのではないでしょうか。

第8章　実践！　不動産投資

ここまで、不動産投資全体のイメージを主体にお話ししてきました。では最後に、このイメージを頭に入れて、第1章で登場したAさん、Bさんのその後をたどってみましょう。

●投資家Aさんのその後――とにかく「高利回り」追求型投資

高利回り追求型投資とは何か、もう一度見てみましょう。

立地、築年数には目をつぶり、入居者さえいればリターンが大きくなることを狙って、地方の築古の戸建てや耐用年数ぎりぎりのアパートなどを購入、低コスト、もしくはセルフリフォームによって甦らせて入居者を確保していく手法のことですね。

投資家のAさんはその後も築古の物件にターゲットを絞り、土地値程度で買え、入居者が付けば高利回りとなる戸建てやアパートに投資をしていきました。投資を始めて6年、今では7棟の貸家を所有しています。

DIY好きのAさんは研究熱心でまめな性格を生かして、なるべくセルフリフォームで費用を節約し割安な家賃でも採算が取れるようにしています。これによって近隣相場より5〜10%安い家賃設定が実現し、入居率も90%以上が続いていました。

しかし、最近空室となった戸建て賃貸は、考えられるかぎりのリフォームをしたのですが、なかなか入居者が決まりません。そこで、原因究明のため調査をすることにしました。

●周辺調査でわかったことは

物件の周辺を歩いてみると以前と変らず閑静な住宅街で、近くに売り家の看板を見つけました。築20年くらいで、少し手を入れれば貸家にできそうな気がしたので、不動産屋さんの番号をメモしておきました。

その先の軽量鉄骨のアパートは、外観と管理会社の看板からわかるように、大手メーカーの企画アパートです。こちらも築20年程度でしょうか。外壁の塗装も最近しているようで手入れも行き届いています。間取りはどうやら田の字の2DKタイプのようです。駐車場は部屋数の倍ありますから、駐車場2台付きの物件でしょう。

それとなく電気メーターやカーテンをチェックしてみると、全8室のうち2室が空室のようです。特に悪い物件ではないのに、ちょっと空室率が高めです。うーん。少し不安になってきました。

募集、管理を任せている不動産屋さんまでは車で10分くらいですが、アポイントに余裕を持たせ、少し遠回りしてみました。幹線道路を走っていると、ショッピングセンターの看板を見かけました。車で10分くらいでしたので、ちょっと足をのばしてみることにします。

それほど行かないうちに、もう建物が見えてきました。かなり大型です。さらに近づくと、真新しいショッピングセンターと、それを取り囲むように真新しいアパート、マンションの一群が目に飛び込んできます。まるでお城を取り囲む城下町のようです。近くには、最近できたと思われる保育園や病院もあります。

いつのまにか新しい町ができて、すごく発展しているようです。このあたりも発展して良いことだなとAさんは思いました。

●不動産屋さんを訪問する

不動産屋さんにつくと、社長が愛想よく声をかけてくれます。

「Aさん、お久しぶりです」

社長、いつもお世話になります。ご無沙汰してすいません。

「この辺もだいぶ変わったでしょう。新しくできたショッピングセンターをご覧になりましたか」

ええ、周辺もまわってみました。ところで、さっそくだけど、募集中の戸建て、反応はどうですか。

「がんばってますけど、最近、ちょっと流れが変わってきてね……。ほら、ショッピングセンターができたでしょう。以前、あの辺りは何にもなくて不便なところだったけど、できてから様子が一変してね」

ずいぶん変わりました。活気が出てきましたね。

「そう、センターがあるから、周辺の地主さんたちもアパートやマンションを建ててね、今、新築がどんどんできてるんだよ。でね、皆さん新築が好きでね。Aさんの戸建ても紹介してるけど、どうしても新築のアパートやマンションを選んでしまうんだ」

私の戸建てとは少し距離が離れていると思うけど、それでも影響ありますか。

「ここは車社会だからね。車で10分15分は同じなんですよ」

……さっき、能天気に「良いこと」だと思っていたけど、私には「悪いこと」だったんだ。

「かなり家賃を下げるとか、何か対策を考えないと厳しいかもしれない」

うーん。決まらなければ仕方ないけど、いくらくらい下げればいいですか？

「○○○○円、それでもどうかな」

え、そんなに下げないと決まりませんか？

「新築も増えそうでね。ハウスメーカーが一斉にセールスをかけたらしくて、まだ新築はどんどん供給されてくるからねえ。一段落するとしても3年後くらいかなあ」

うーん。でも、そこまで下げると採算が……。

「そうですか。うーん」

いつもにこやかな社長が黙ってしまいました。本当に駄目なんだろうか。

「Aさん。ひとつ考えがあるんだけど……。あの戸建て、いくらで買いました？」

○×です。

「うん。ずいぶん安く買えましたね。当社で管理を始めて、えーと6年ですね。今回の空室を除くと大体1～2カ月で入っていました。そうすると回収も進んでますよね」

はい。予定よりいいくらいです。

「でね、Aさん、あの戸建て、そろそろ売ったらどうでしょう」

売却ですか……考えてなかったな。

「近所に売物件が出てたの、見ましたか？」

はい。いくらで出てるのか気になりました。

「実はね、その売家を検討している人がいるのだけど、売主のほうでローンがまだ残っていて、折り合いがついていないので……。それで、Aさんのところはどうかなと」

いくらくらいですか。

「更地にして家を建てたいと言っているので、Aさんが買った金額から解体費用を引いたくらいでどうですか。賃貸としては弱くなっているけれど、自宅用地としてだったらまだまだ需要はありますからね。6年間分の家賃を考えると、意外と良い話ではないですか」

正直言って、売ることはまったく考えていなかったので、少し考えさせてもらえますか。

「それはそうですね。ただ、不動産は縁なのでね。売物件があって、その希望者がいること、価格が折り合わないこと、そのタイミングで今Aさんが来てくれたこと、全部つながっているように思えるんですよ」

それは今まで物件を買ってきて私も感じています。でも、売るときのことは考えてなかったものですから。

「まあ、無理だったらいいですが、募集の件もあるので早めに考えてみてもらえますか？」

わかりました。今日、明日考えて明後日返事をします。

●売るか売らないか

Aさんは自宅に戻り、今日の話をいろいろと考えてみました。

空室の原因は近隣に大型ショッピングセンターができて、その周辺に新築の物件ができたことだな。それがこれからも続きそうと言っていたが、確かに周辺の土地はまだ余っていたからその通りだろう。そうすると、必要なのは、新築に対抗できるリフォームと家賃の値下げか。うーん。

リフォームと言っても新築に対抗するとすれば、かなり費用がかかりそうだ。費用を節約する場合は大胆に家賃を下げなければ無理かもしれない。どっちにしても収入は先細りになるだろうな。費用をかけても入る保証はないかもしれないし。

他の物件は今のところ順調だから、１棟くらい売ってもいいのかもしれない。売るとどうなるのかな。

えーと、15年ローンで返済は元金均等だったから、残債は大体60％くらいは残っているだろう。そうすると買値の90％で売れたとして残りは30％か。それから税金は長期売買だから売却益の20％程度か。買値より安く売るわけだし、建物の減価償却分をみたとしても税負担はそんなに大きくはなさそうだ。

キャッシュフローは次の物件の購入にまわしたりして実際はわからなくなっているけれど、常にキャッシュフローも出ていたから、実際には残債を支払った残りとキャッシュフローがこの投資のリターンということになる。そうすると、かなり良い金額になりそうだ。

そう考えると、これからも空室リスクをとって収益を目指すより、戸建て用地としての需要があるのであれば、ここは売るのがいいのかなあ。

うーん。入居者が入れば、またキャッシュフローも出るから、もったいない気もするけど……。でも、それは入ったらのタラレバの話、欲ばかり言っては失敗するかもしれない。

少なくとも、ここで売れば利益は確定できるのだから、売るという選択自体は間違っていないだろう。それに今は買い手がいるけれど、買い手がつかないことだってある。実際、私が購入できたのは、それまでなかなか売れなかったからだったんだよなあ。つまり、今買い手がいるというのはチャンスなのではないか。
よし、他にも持っているのだから、この物件は売ることにしよう。

●売却して利益を確定する

Aさんが売却を決めたことについてどう思いますか？　皆さんがAさんの立場ならどう判断したでしょうか。

唐突ですが、みなさんはカジノに行ったことはありますか？

韓国、フィリピン、マカオ……海外に出ればすぐにカジノに行くことができます。大きなカジノなら、きらびやかな内装やショー、行き届いたサービスが楽しめて、そのフロアにいるだけで、自分が少し偉くなったように錯覚してしまいます。

なかでも、テーブルに高額のチップをたくさんおいてゲームをするプレイヤーは羨望の的です。

でも、テーブルのチップは換金するまでは自分のお金ではありません。目の前に山と積まれていたチップがいつの間にか無くなってしまうこともよくあることなのです。

もちろん、不動産投資はカジノではありません。でもプレイヤーとして不動産投資に参加するとき、そのお金の大半は金融機関からの借入金であり、最終的に物件を売却してお金に換えた時点でようやく投資の成否が見えてくることも事実です。

Ａさんが迷っていたように、売却しないで持ち続ければその後も入居者が入って家賃収入があるのにと思う気持ちもあるでしょう。ここでやめたくない、もっとプレイヤーとしてゲームを続けたいと感じるのは人として自然なことだと思います。

でも、物件を売却し利益を確定できてこそ、不動産投資を成功させることができた、カジノのテーブルでのゲームを勝利して終わらせることができた、と言えます。

これはとても大切なことなのです。

不動産投資を始めると、最初は大きな投資をしている人をうらやましいと思う傾向がありま す。

もちろん大きな投資をして着実に収益も確保できている人もたくさんいますし、動いているお金が大きくて派手に見えるため、あこがれるのも仕方ないことです。

でも、「大きな投資をしている＝不動産投資で成功している」とはならないことも知っておかなければなりません。

同じように大きな投資をしていたとしても、時には売却もしながら投資全体のリスクとリターンをコントロールしている人と、やみくもに投資規模の拡大だけを目指している人では、大きな差が出てくる可能性があります。

Ａさんの場合は、まだ投資の規模はそれほど大きくなっていませんが、物件を売却して利益が確定したことは大きな経験となりました。このことを通してAさんは、ただ大きく投資をしているることが成功している証ではないことに気づいたのです。

●Aさんの売却でイメージトレーニングする

実際の売却価格は、Aさんが買った金額から解体費用を引いた金額でした。つまり、解体費用分は数字の上ではマイナスになります。

「数字の上ではマイナス」という言い方をしたのは、購入価格より売却価格のほうが低いので、その分減額されてしまったように見えることを指しています。ですが、それに対して、実際の売却価格から［購入価格＋6年間の家賃収入－6年間の経費］を差し引くと、マイナスではなく大きくプラスになっていることを考慮しているからです。

これをイメージトレーニングの損益トライアングルと流通価格モデルに当てはめてみましょう（図㊽）。需要に不安のある地域なので需要低下地域のモデルを使います。

築20年ラインと木造の流通価格モデルの交差するところが基点となります。トライアングルの長さは6年間で売却ですから26年の部分で終わっています。

そうすると26年の流通価格モデルの示す価格とトライアングルの下側の点を結ぶ長さ（図㊽では楕円で表示してある部分）がこの投資の損益、今回はプラスとなりましたので利益を表しています。

図58　Aさんの売却を損益トライアングルで考えてみると

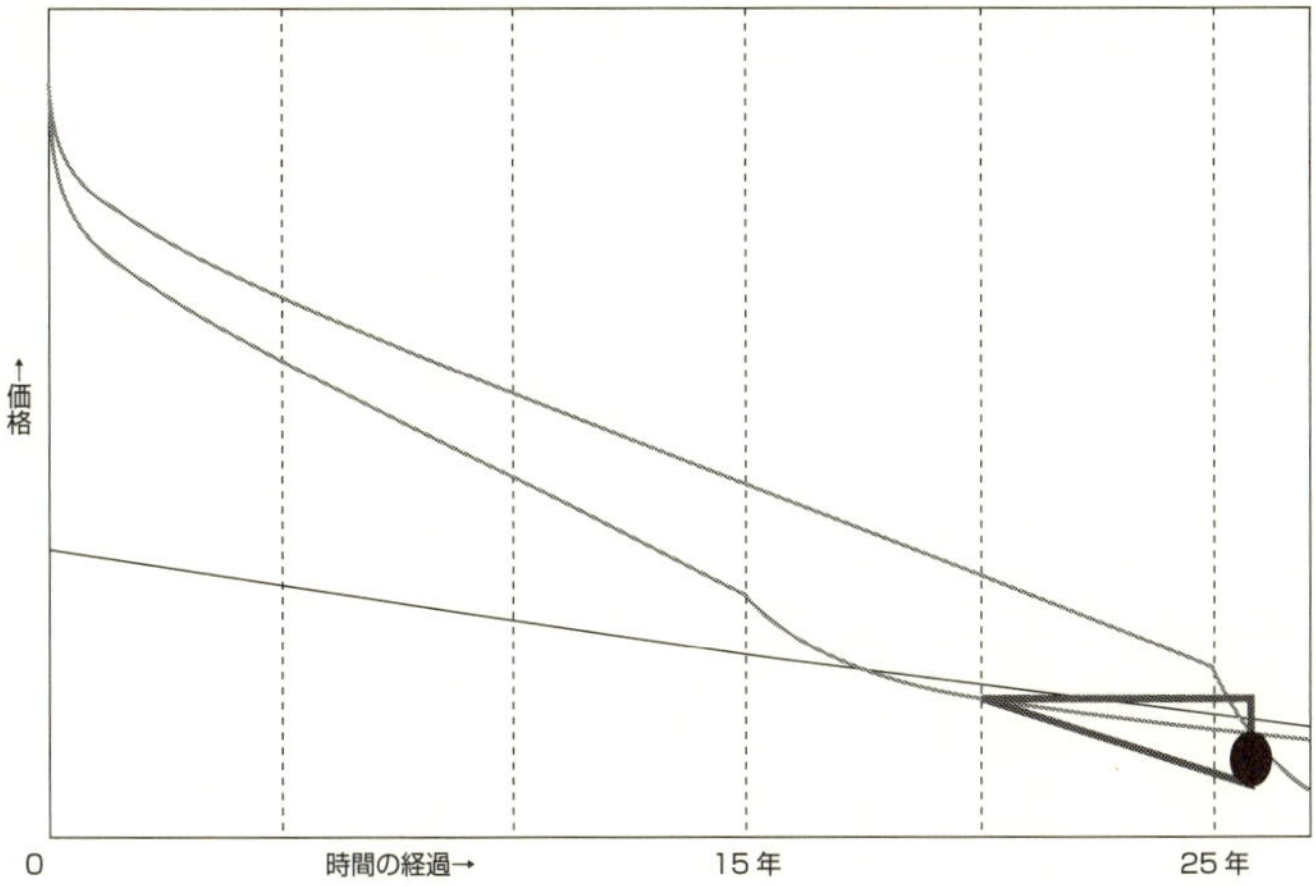

今後、この地域での需給動向がどう変化するかはわかりませんが、現時点での利益確定は有効な選択肢ではないでしょうか。

●人口減少とコンパクトシティ推進

Aさんは近くに大規模なショッピングセンターができたことによる需給関係の変化に対応し、所有していた木造の物件を売却しました。

もちろん需給関係の変化は、商業施設の新設だけで発生するものではありません。

日本全体で見れば、ごく一部を除いて人口は減少傾向にあります。変化の大きさに差はあるとしても、大部分の地域がこの減少傾向からは逃れられないでしょう。

しかし、減少傾向があるから、賃貸業はすべてダメ、不動産投資に未来はない、というわけではありません。先ほどもお話ししましたが

「変化の大きさに差がある」のです。つまり均一に減少になるのではなく、地域によって影響の度合いが大きくことなるということです。

ですから、影響があまり受けない地域を狙って投資をすることが必要になります。

その判断ですが、私はコンパクトシティをキーワードと考えています。

コンパクトシティとは何でしょうか。

次のコラムは内閣府『地域の経済２０１２――集積を活かした地域づくり』から抜粋したものです。コンパクトシティについての政府の考え方がよくわかります。

詳しくは内閣府のＨＰを参照していただければと思います。

コンパクトシティは、人口、産業、行政サービスなどの集積化を推進することになりますが、これは見方によっては「それ以外の地域の切捨て」にもつながります。

そのため、あまり声高にこれを推進しようという機運の高まりはありませんが、人口の減少傾向は明らかですから、地方はコンパクトシティとして生き残る中核都市と、人口が一定規模以下になり、産業、行政サービスなどの街としての機能が維持できない限界市町村に分かれていくと私は予想します。

●地方投資の手法は2つに分かれる

ですから、地方での投資手法も２つに分かれるでしょう。

1. コンパクトシティの概念と目的

コンパクトシティの概念や目的については、現状では、必ずしも万人共通の理解として定まったものはないように見受けられる。例えば、黒田・田淵・中村（2008年）では、郊外の開発を抑制し、より集中した居住形態にすることで、周辺部の環境保全や都心の商業などの再活性化を図るとともに、道路などのハードな公共施設の整備費用や各種のソフトな自治体の行政サービス費用の節約を目的としているとされている。

一方、山崎・西野・岩上（2004）では、都市の構造分析手法を用いたコンパクトシティの検討により、我が国の都市のコンパクト化は、通勤通学等行動圏域の広さでなく、DID人口密度やDID人口の総人口に占める比率等の指標により測られる空間構造により定義されることが示されている。そこで、ここでは、これらを踏まえ、コンパクトシティの形成の概念と目的について、以下のように整理する。

市町村がコンパクトであることは、DID人口密度が高いことにより定義され、コンパクトシティの形成とは、市町村の中心部への居住と各種機能の集約により、人口集積が高密度なまちを形成することである。コンパクトシティの形成は、機能の集約と人口の集積により、まちの暮らしやすさの向上、中心部の商業などの再活性化や、道路などの公共施設の整備費用や各種の自治体の行政サービス費用の節約を図ることを目的としている。

2. 人口集中地区における集積

これまでに、政令市や県庁所在市等への人口と事業所の集中は依然続いていること、また地域ブロックにおいて、人口の集中度が高いほど、労働生産性は高い傾向にあり、その1つの要因として集積の経済が考えられることをみた。ここでは、そのような結果をもたらしたと考えられるDIDにおける人口集積の進捗状況について分析を行う。（後略）

内閣府HP「地域の経済2012――集積を活かした地域づくり」より

コンパクトシティとして生き残る地域であれば、長期所有して長期にわたって家賃収入を得ることを基本とします。もちろん、タイミングを見て売却することも問題ありませんが、基本は賃貸業を続けることによって利益を目指します。

それ以外の地域では、将来にわたって賃貸需要が見込める可能性は少なくなります。ですから高めの利回りを確保し、投資資金の回収スピードを上げることが必要となります。そして長期保有ではなく自宅用地などの需要によって売却し、利益を確定することを目指します。

売却する際には自宅用地としての評価となり、解体費用を差し引いた低めの売却価格となりがちです。なので、購入時には土地値前後で購入して、購入価格と売却価格とに極端な差が出ないようにすることが必要になります。

また、そうした場合には、解体費用が高額なRCよりは、木造などの解体が容易な建物のほうが有利になると思われます。

●投資家Bさんのその後――借入金主体・スケールメリット追求型投資

スケールメリット追求型投資を振り返ってみましょう。

これは、一定レベル以上の年収で安定的な収入を得ている人、たとえば有名企業のサラリーマンや公務員などの融資がつきやすい人が、その信用を最大限活用して比較的高額な物件、場合によっては億単位の物件を買い進めていく手法で、投資規模は大きくなるけれど、それに伴って借入金も大きくなる傾向があります。

Bさんの初めての物件は億超えでしたが、S銀行からはフルローン（購入諸費用は自己資金）で融資がつき、元利均等30年で、金利も住宅ローン金利レベルとはいかなかったものの、高くはありませんでした。

物件の立地もよく、将来の需給関係も安定が見込める地域だったので、思い切って購入を決断したBさんでしたが、その後の6年間で新たに2棟を購入、サラリーマンとしては大きな投資金額となっています。

●6年間の成果を振り返る

1月、Bさんは青色申告の準備をしています。

今年も家賃収入は予定どおりだったな。ちょっと修繕費は予算オーバーだったけれど、しっかり直した物件の入居は確実に決まっているのだからこれは前向きの良い出費だ。

億を超える借金なんて最初は怖いと思ったけど、今は、もう5億円借り入れている。でも、家賃で順調に返済できているし、キャッシュフローもずいぶん貯まってきた。少しは安心できるようになったのだろうか。

えーと、今年の家賃収入は5000万円だったけど、ローンの元金支払いが大体1700万円、金利が900万円だったからキャッシュフローは2400万円だな。ここから管理費や修繕費、固定資産税などで800万円くらい払っているから残りは1600万円、そこから所得税と住民税が大体600万円だから……今年の手残りは1000万円くらいか。

まあ、とりあえず回っているからいいけど、5億円投資して手残りは1000万円か。1000万円と言えば確かに大きい金額だが、5億円を借り入れて1000万円の収入は大きいと言えるのかなあ。

でも、5億円を投資したといっても自己資金で出しているのが全部で2500万円くらいだ。そうすると2500万投資して毎年1000万円をもらえるということか。そう考えると良い投資なのかもしれない。

しかし、これから本当に毎年もらえるならいいけど、家賃や入居率が下がったりすれば、そんなには残らないだろう。大きな修繕が必要になれば、その年は赤字になるわけだし……。うーん。でも、今1000万円残っていることは事実だ。

●キャッシュフローの行き先

4月、確定申告書を持参して初めての物件以来、融資をしてもらっているS銀行を訪問しました。当時の担当者のNさんはすでに転勤となっていますが、引き継いだ担当Mさんもなかなか優秀です。

「今年も良い決算でしたね。順調に運営されていますね」

はい。おかげさまで。でも、最近ちょっと気になることがあって……。

「決算書で見るかぎり、問題はないと思いますが、なにか問題がありますか」

自分が投資してきたのにこういう話をするのはおかしいかもしれませんが、投資金額も大きくなってきて、それに伴って借入金が大きくなることで不安も大きくなってきました。まだローン返済は最初の物件でも6年しか経過していません。最近買った物件だと元金はほとんど減っていません。キャッシュフローも出ていて決算上も利益が出ているけど、これからもずっと本当に返済できるのか、気になるのです。

「なるほど、わかりました。でもBさんが不安を感じていることは、とても健全なことだと思いますよ」

どういうことですか。

「それだけ資金手当て、返済について真剣に考えているから不安になるのです。そういう方は万が一、資金に困るような事態に遭遇しそうになっても事前に察知して対策を考えるでしょう。ですから金融機関としてはとても信頼できる人物なのです」

そういうものですか。

「それに、Bさんは行内で、とても評価が高いのです。なぜだと思いますか」

うーん。別に特別なことはないと思うのですが。

「Bさんの不動産専用の口座、このお金の動きをみると不動産以外のお金の動きはありませんね」

はい。不動産投資専用の口座ですから、不動産のお金だけです。それがどうかしましたか？

「修繕費とか、物件の固定資産税など、関連のお金はここから引き出されていますが、行き先がわからない出金がありませんよね」

そうです。不動産専用口座ですから、当然そうなります。当たり前でしょう。

「いや、そういう方ばかりではないですよ。キャッシュフロー分を引き出してしまう人もたくさんいます」

私は現役サラリーマンですから生活費は給料でまかなえますし、特に贅沢する気もありませんから。

「Bさんのようにお金が入ってきても、今までの生活パターンを変えない方はとても評価が高くなるのです。でも、少し個人的な質問をしていいですか」

はい。

「行内の評価は高いのですが、実際、少しは贅沢をしてみようとか思わないのでしょうか」

それは、確かにあるかもしれませんね。でも、少し贅沢をするのはもう少し先なのかなと。

「もう少し先とは？」

確かにキャッシュフローは出ていますし、税金を払っても1000万円くらい残りますから、使おうと思えば使えます。でも、借入金だって大きくなっているのですから、そのことを思えば、手元に残ったから使っていいお金とはどうしても思えないのです。

「そうすると、しばらくは使えないということですか」

まあ、自分が安心できるまでは使わないようにしようと思っています。

「どうなれば安心できると思いますか」

十分なお金が返済口座に貯まったら、少しは安心かなと。目処としてはたとえば、口座に年間返済額の3年間分くらいお金があったら、それを超える分くらいは使ってもいいかなと。

「なるほど、そうなれば急な出費にも耐えられますね。さすがです」

●不動産賃貸業の決算書を見るツボ

「本当に実践的な考え方ですね。さすがに評点の高いBさんです」

評点？　評点ってなんですか？　気になりますね。

「あ、申し訳ありません。つい口が滑りました」

Mさんは近くに人がいないことを確認して話し始めました。

「どこの金融機関でも、融資先は行内でランク分けしています。その上位にBさんがいるということです」

お金を貸すのですから、そういうことはあるでしょうね。実際にはどういう項目で評価するのですか？

「住宅ローンなどなら資産状況、年収、家族構成などが基本です。でもBさんの場合は事業主ですから、いただいた確定申告書、その中の決算書が重要です」

そう思って、今年の分もお届けに来ました。

「お願いしなくても持ってきていただけるのは本当に助かります。そのお礼といっては何ですが、私が不動産賃貸業の決算書をみるときの注目点をお話ししましょうか」

決算書を読むときのツボ？　うーん、なんだろう。損益計算書の所得金額を見ればいいのではないですか？

「確かに所得金額を見れば、その年の損益がはっきりしますね。でもそれだけではないんです。青色申告の損益計算書は、極論すれば税金を計算することを目的としています。まあ、税金は損益を計算して出すことになっていますから、実際の損益とイコールで考えることは間違いではありませんが……」

どこか違うところがあるのですか。

「一般的な事業、たとえば飲食店だったら、収入としてお店の売り上げがあって、そこから家賃、材料費、人件費、光熱費などの必要経費を差し引いた残りが所得ですね。これは、まあその所得が事業の損益として考えても差し支えないでしょう。

でも不動産の場合は、収入として賃料があって、そこから固定資産税とか修繕費や金利、管理費などの実際に支払った経費だけでなく建物の減価償却費などが必要経費として引かれて、残りが所得になりますね」

はい。

「その必要経費の中で割と大きな割合を占める建物の減価償却費は、損益計算書の他にどこに反映されていますか？」

えーと、建物の減価償却は、その物件の建物評価が減価償却された金額分だけ安くなるということですから、当然貸借対照表の建物の評価が下がることになります。たとえば１億円の建物があって今年５００万円減価償却したら、建物の評価は今年の決算上は９５００万円となるわけです。

「そうです。Ｂさんは経理の知識もさすがですね。そうすると、今たとえで話した建物が９５００万円になった場合、物件の１棟としての評価はどうやって計算しますか」

土地は減価償却できませんから、購入したときの価格で変わりありません。仮に土地の購入代金が１億円だったら、１億＋９５００万で１億９５００万円です。

「そうですね。そうすると、この青色申告の損益計算書が正しいことになるためには、つまり実際の損益とイコールになるためにはどういう条件が必要でしょうか？」

え、どういうことですか？

「減価償却費が経費として計上されて、最終の所得が計算されているのですから、実際の損益とイコールになるためには減価償却費が正しいということが必要になりますね。その減価償却費が貸借対照表で反映されるのが物件の建物価格でしたね。そして物件価格は建物価格と土地価格ですよね」

ということはつまり、実際に売却したとき、貸借対照表上で計算されている建物価格と土地価格を合計した価格で売れて、はじめて青色申告の損益計算が正しいことになるわけですか。

「そうです。おわかりいただいたようですね。ですから私が不動産賃貸業の決算書を見るときのツボは土地と建物、厳密にはそれに建物付属設備も合算した金額です。その金額を見て実際に売却した場合にいくらで売れるか考えて比べるのです。

予想金額がイコールであれば、損益計算書の金額は正しくなります。予想金額が高くなれば実際には損益計算書よりも利益が出ていることになります。逆に低いのであれば利益が出ているように見えて実は損失が発生しているのかもしれません」

なるほど、そういうことになりますね。

「せっかく申告書を作るのですから、貸借対照表で土地、建物の評価額をみて、売却予想額を比べてみたらどうでしょう。そうすれば本当に利益が出ているのか、そうでないのかがよくわかるようになります」

●投資リスクと利益確定

なるほど、良いことを教えていただきました。ではさっそくですが、この決算書の土地、建物の評価額と売却予想額を比較するとどうなりますか。

「そうきましたか……。まあここまで話したからいいでしょう。そうですね。Ｂさんの物件は立地も賃貸の需給関係も問題ありません。当行の顧客を紹介すればすぐ売れるでしょうね。価格は……もちろん簿価より高くなりそうです。つまり申告上の所得より儲かっている、含み益があるという状態でしょう」

それを聞いて安心しました。でも借入金は多いのでやはり不安はあります。

「心配しすぎるのもよくないのですが、確かに「今売却したら」という前提ですので、これから物件価格がどう変化していくかを正確に予測することはできませんね。ですから、安全を重視するのなら、どこかの時点で利益を確定していくということも必要かもしれません。それに金利も読めませんし」

金利については固定という選択もありますね。

「まあ、その考え方が一般的です。でも、固定分の上乗せが利益を阻害することは間違いありませんから、ただ固定にすればいいということではないでしょうね」

うーん。でも心配になります。

「Ｂさんの場合、着実にキャッシュフローが出て、その分を消費しているわけではないですね。当行としてはマイナスになりますが、金利が上がったときに繰上げ返済の原資がどのくらいあるのか、どの程度までなら耐えられるのかなど、いろいろ計算してみたらどうでしょうか」

そうですね。でも、かなり難しい判断です。

「そこが事業の難しいところですね。その金利ですが、私は別の見方で気がかりな点があります」

どういうことでしょう。

「今の話は、すでに借入をしているBさんの金利上昇リスクの話ですね。では、これから投資を始める人の立場で、もし金利が今のレベルから全体で2％上昇したらどうなるでしょう」

うーん。月々の返済も増えるから、私の物件で考えてもキャッシュフローは激減してしまうだろうな。

「Bさんは、すでに低い金利で物件を手に入れていますけど、今1棟も持っていなくて同じ物件を今の金利に2％上乗せされたら、Bさんは投資しましたか」

いいえ、キャッシュフローはギリギリになるので買わなかったと思います。

「そうなりますよね。つまり、金利が安いときに購入した金額と同じ金額では買わないということです」

あ、そうか。そうすると、金利が上がると物件価格は下がる可能性があるということですか。

「そういうことです。不動産価格は金利と密接な関係があるのです。ですから、金利の変動は物件価格に大きな影響があるということを忘れないでくださいね」

なるほど、そうすると……将来もずっと金利が上がらなければ、順調に利益も出る可能性が高いが、金利が上がると直接の利益が減るのと一緒に物件の評価も下がってしまうということか。うーん。難しい判断をしないといけないのですね。

「そうですね。不動産は基本的にインカムゲイン主体の投資なので、社会情勢で大きく変化する株や為替ほどではありませんが、大局的に時代を見る必要がありますね」

うーん。大局的ですか。言うのは簡単ですが、難しいことですね。

「たしかに、未来を見通すことは大変です。ところで金融機関は不動産向けの融資をするときに売却することを前提として融資はしていないのはご存じですか」

ええ、まあ繰上げ返済とかは嫌がるでしょうし、まして売却されてしまうと全部返済されるのでしょうから、あまり考えたくはないのではないでしょうか。

「まあ、そういう面もありますが、そもそも収益不動産を買うということは不動産賃貸事業を開業するということなので、事業を途中で売却するということはイレギュラーと考えているのです」

なるほど。

「ですが、個人的には一定の利益が出ている時期に確定をしていく、つまり売却していくことも必要だと思います。でも、売却して不動産投資をやめるということではなく、賃貸事業をより強固なものにしていくためには必要ではないかと」

事業を強固にするために売却していく？

「売却して確定した利益は帳簿の中だけの数字ではなく、現実のお金に変わっていくのです。簿価で売ったとすると、売った物件のそのときの返済残高との差が手元に残ります。その金額と今までのキャッシュフローを使わなかった分が合算されて、そこそこの金額、たとえば一流企業のサラリーマンの退職金くらいになると、資金面ではかなり大きな金額を持っていることになりますね」

確かにそうですね。でも、売ったら家賃は入ってきませんね。その点はどう考えるのですか。

「そういう見方もあります。でも、資金面に余裕ができてくると、今のBさんはもう一段上のステージに立てることになるでしょうね。もちろん、今でもBさんは優良な融資先です。さらに資金面で余裕ができてくれれば、優良顧客であり、優秀な賃貸経営者になっていくのです」

優良な賃貸経営者？　優良顧客とどう違うのですか。

「当行はBさんがデフォルトするリスクはほとんどないと判断しています。でも、今の状態でさらに物件を増やしていった場合、評価が分かれるかもしれません。というのは、現在利益が出ているのは確かですが、それは帳簿上の利益だからです。さらに物件を買って帳簿上の利益が増えていったとして、それを現実の利益として単純に見ることはできません」

それはそうですね。

「でも、手持ちの物件の一部を売却して利益を確定したら、現実に資金も厚くなりますし、賃貸事業の一部を間違いなく成功させたという実績にもなるのです。資金が厚くなって、賃貸事業を成功させた実績があれば、優秀な経営者ですね。そうすると、自然に新しい話も集まってくるようになるでしょう」

売ったら、そこで完結してしまうということではないのですね。次につながっていく可能性が見えてくるということでしょうか。

「その通りです。時代に合わせて常に事業の最適化を目指すことが大切ではないでしょうか」

●Fさんはなぜプラチナカードを持っているのか

仲介業者のα不動産では、超ベテラン社員FさんとアシスタントのY（元）嬢がいつものように雑談中です。

そういえば、Bさんからまた電話がありましたよ。

「Bさん、最初の物件を買って、もう6年くらいかなあ。今は全部で3棟、良い所ばかり持っているなあ。うらやましい」

うらやましいって、物件を紹介したのはあなたでしょう。

「まあね、人柄が良くて約束は守ってくれるまじめな人だから、つい紹介しちゃうんだよね」

今度は、最初の物件を売りたいとか……。

「うーん。そうきたか。さすがBさん」

それと、良い物件があったら紹介して、っておっしゃってました。

「お、そんなことも言ってたの。面白いね」

面白いってどういうことですか？

「だって、普通、売ると言って、また買うというのも変でしょう。イマイチな物件を売るのならわかるけど、Bさんの物件は皆良いものだからね」

そういえばそうですね。

「まあ、真意はわからないけど、Bさんはいろいろなケースを考えているだろうね」

Bさんといえば……Fさんに何か聞き忘れていたような……あ、思い出した。プラチナカードの話。

「え、プラチナ？」

プラチナカード、持ってますよね。その理由をまた今度教えてくれるって言ってたでしょう。

「そんなこと言いましたっけ？」

ええ、確かに言いました。6年前、Bさんが始めて電話してきたときです。

「うーん。そうだったかな……」

ごまかさないで、Bさんのように約束を守って教えてくださいね。

「仕方ないなあ……。えーと。私もまあ昔、Bさんみたいなことをしてました」

えー、大家さんだったんですか。

「Ｂさんのような大きな物件ではなかったけど、小ぶりのアパートをピークのときで７棟かな、持ってたんですよ」

そうなんですか。ぜんぜん知りませんでした。

「Ｙさんが入社する前の話だからね。１９９０年頃のバブル景気、って知ってますか？」

聞いたことありますけど、想像がつきません。

「当時は物価も、給料も、株も、そして不動産もどんどん上がってね。それが数年で一気に下がった」

大手銀行や証券会社も倒産したようですね。

「そう、それからしばらくは不動産も見向きされなくてね。でも、売物件の中には、家賃がちゃんと入ってきて、立地も良くて、どう計算しても損はしない物件というのがたまにあったんだ。なんで誰も買わないのか不思議だったので、買えるものなら買っておこうと思ってね。当時、銀行も「何で不動産なんて買うの」って言わんばかりだったけど、そうなると意地でも買いたくなっちゃうんだなあ」

Ｆさん、へそ曲がりですからねえ。

「まあ、そうとも言うけど……とにかく買っていったわけ。そうして、しばらくしたら不動産が再評価されてきてね。まあ、そこそこの利益が取れたので、ひとつを除いて売却したの」

え　え一。すごいですね。ということはひとつだけまだ持っているのですか。

「そこは、もう古かったけど立地が良かったから、取り壊して自宅を建てました」

あー、そういえば良い所に住んでましたっけ。

「普通のサラリーマンには住めないところでしょう。それも不動産のおかげです。まあ、そんなことがあって、多少の金融資産と不動産を持っているからね。だからプラチナなの」

そうなんですね。う、う、う、うらやましい。私だってやってみた〜い。だけど……今からじゃ無理ですよね。

「みんなそう言うけど、それじゃあ今から始める人はすべて失敗するのかな。Bさんだってがんばっているでしょう」

うーん。それはそうだけど。

「確かに私と同じことをやろうとしても、私が始めた頃とは状況が違うからね。それは無理でしょう。でも、今は今のやり方があると思うんだ」

え、あるんだったら教えてください！

●不動産投資の成功へ向かって

「うーん。本当にみんな同じことを言うよね。確かに今、どうしたらいいと具体的に言うことはできるかもしれないね。だけど……」

だけど、なんですか？

「状況は変わるし、物件にはさまざまな個性があるから、私がいろいろと話したとしても、それがすべて当てはまるとは限らないでしょう」

私だって不動産の仕事をしているんだから、そのくらいのことはわかります、よーだ。

「よーだ……って、昔はかわいかったよなあ。まあ、それはおいといて。

だから、具体的にＲＣがいいとか木造がいいとか、地方の高利回り物件がいいとか、いや利回りが低いけど都心だとか、そんなことをいくら話したって、それは一般論の域を出ないわけで。本当に知りたいのは、目の前にあるこの物件はどうなのか、ということでしょう？」

確かにそうですね……。よーだは取り消すね。ごめんなさい。

……はい。

「本当に不動産投資に挑戦したいですか」

「わかりました。ではこれから少しずつ不動産投資で成功するコツ、まあかっこよく言えば不動産投資で成功するためのイメージを伝えていきます」

イメージですか。

「そう、イメージです。たとえばひとつの物件情報が来たとします。その情報から、この物件で成功するためにはどういう条件が必要なのか。購入して5年後、10年後はどんな収支になっているのか。その収支で成功できるのか。自分なりにイメージをつかむことが大切なんです。

できると確信できるのであればその先に進めばいいし、どう見てもダメならスルーすればいいんです。そのイメージを作れるようにトレーニングしましょう」

不動産投資のイメージトレーニングですか。私にもできるかな。

「できますよ。必ず」

あとがき　自分の手で投資のグランドデザインを描こう

本書はノウハウ的な内容は意図的に避けて書きました。もちろんベースとしての基本的な知識も必要ですので、本書だけでなく他の本も参考にすることをお勧めします。

ただし、ノウハウのみ、極論すれば「小ネタ」だけをいくらかき集めても、不動産投資で成功できる保証はありません。

小ネタは投資のグランドデザインを実現するために必要な絵具や筆のようなものです。でもそれだけで絵は描けません。

確かに絵具や筆にこだわることは大切ですが、それは絵のための必要条件であっても十分条件ではないのです。

一番大切なことはどんな絵を描くのかです。

本書は絵そのもの、投資のグランドデザインを描くための力をつけてもらえるように書きました。

キャンバスには大きさ、形、素材などさまざまなものがあります。不動産もさまざまですね。

それを目の前にして、どんな絵が描けるのか。
自分の力量に見合ったキャンバスなのか。
まだ早いのか。
その絵は傑作になるのか。それとも失敗作になってしまうのか。
想像を巡らし、悩んでください。
そして決断したら描き切る覚悟を持って取り組んでください。
あなたの未来のために。
自分の力で自分の人生を作るために。

沢　孝史

沢 孝史
(さわ・たかし)

脱サラして4か月でコンビニ経営に失敗、丸裸になったのが1992年のこと。どん底からの再起を誓い、サラリーマン大家として不動産投資を始めてすでに16年がたった。自己資金700万円でスタートした投資の規模は今や10億円を超え、家賃収入は1億円に。だが、がむしゃらに規模を拡大したわけではなく、常に安定した健全な経営を心がけている。現在は所有物件の若返りをはかるため、5棟目の新築マンションを計画中。2004年から2010年に主宰した「お宝不動産セミナー」では、現在最前線で活躍中の多くのカリスマ不動産投資家を輩出している。

《特別寄稿》
亀田 征吾
(かめだ・せいご)
三和エステート株式会社
常務取締役

福岡県出身。CPM(米国不動産経営管理士)資格を保有。現在、首都圏・福岡圏内で賃貸管理・投資アパート事業を展開する総合不動産会社に勤める。業界歴17年で築いた独自の理論である「物件の価値算出法」に基づいて編み出した、満室を実現するための「空室対策術」「物件企画術」が大きな反響を呼び、話題沸騰中。日々、悩める大家さんの頼れるアドバイザーとして精力的に活動を行っている。

不動産投資《ふどうさんとうし》
成功《せいこう》へのイメージトレーニング
自分《じぶん》に最適《さいてき》な投資《とうし》スタイルを見《み》つけよう
2014年12月10日 初版第1刷発行

[著　　者] 沢《さわ》 孝史《たかし》
[発 行 者] 熊沢敏之
[発 行 所] 株式会社 筑摩書房
〒111-8755 東京都台東区蔵前2-5-3
〈振替〉00160-8-4123

[印刷・製本] 中央精版印刷株式会社

ISBN978-4-480-86435-2 C0034

乱丁・落丁本の場合は、お手数ですが下記にご送付ください。

送料小社負担にてお取替えいたします。

ご注文・お問い合わせも下記へお願いいたします。

〒331-8507 さいたま市北区櫛引町2-604 筑摩書房サービスセンター 電話048-651-0053